Stefan Paubel   ALTE KANALDECKEL IN EUROPA

*Clavegueram
Fundicion Ductil
Fabregas Igualada
in Barcelona
(Spanien)*

Eaux Pluviales in Concarneau (Frankreich)

Stefan Paubel

ALTE KANALDECKEL IN EUROPA

Mit einem Essay von Wolfgang Schüler

Novitäten & Raritäten

NoRa

VORWORT

Alte Kanaldeckel in Europa

JÄGER UND SAMMLER Zu Urzeiten mussten sich die Erdbewohner als Jäger und Sammler durchschlagen. Vor 15.000 Jahren gaben sie allmählich ihr beschwerliches Nomadendasein auf und begannen Ackerbau und Viehzucht zu betreiben. Doch der Drang zum Sammeln von diesem und jenem hat sich bei den meisten Menschen bis zum heutigen Tag erhalten.

Gesammelt wird alles, was nicht niet- und nagelfest ist: Frauen- und Männerherzen, Figuren aus Überraschungseiern, 500-Euro-Scheine, volle wie leere Bierbüchsen, Polizeimützen, Frank-Zappa-Schallplatten sowie bunt bemalte Reiseandenken aus GUS-Staaten. Der Unterhaltungskünstler Wigald Boning behauptet beispielsweise, die größte deutsche Sammlung von elektrischen Gartentoren zu besitzen.

Auch der Berliner Kulturwissenschaftler Stefan Paubel ist ein moderner Jäger und Sammler mit einem ganz speziellen Interesse. Aber er schleppt seine Beute nicht mit nach Hause wie die meisten anderen Leute, die ganz spezielle Steckenpferde reiten, sondern er fotografiert sie nur. Das hat unter anderem etwas mit Gewicht zu tun. Das Interesse des Berliners gilt nämlich einem Gegenstand, der auf vielen öffentlichen Straßen und Plätzen zu finden ist, aber dem so gut wie nie Beachtung geschenkt wird: Dem gemeinen Kanaldeckel, auch Gullydeckel, Schachtdeckel, Kanalgitter oder Dolendeckel genannt. Und der kann nebst Umrandung satte 275 Kilogramm wiegen.

HINAUS IN DIE FERNE Zu seinem außergewöhnlichen Hobby ist Stefan Paubel gekommen, als er im Jahr 2011 in Berlin Häuserzeilen fotografierte und durch Zufall auf einen alten Kanaldeckel aufmerksam wurde. Der Kulturwissenschaftler war von der seltsamen Schönheit des Objekts fasziniert und begab sich auf die Suche nach anderen Exemplaren. Innerhalb von fünf Jahren nahm er 3.500 Fotos von alten Kanaldeckeln auf, katalogisierte sie und begann sich mit ihrer Geschichte zu beschäftigen. Auf diese Weise entstand der großformatige Bildband »Alte Kanaldeckel in Berlin«, der 2017 in der NORA-Verlagsgemeinschaft erschienen ist.

Nachdem das Berliner Sammelgebiet nahezu abgegrast war, zog es Stefan Paubel hinaus in die weite Ferne. Doch er hat ein schwerwiegendes Handicap: Er fährt nicht selbst Auto und ist deshalb auf öffentliche Nah- und Fernverkehrsmittel angewiesen. Trotzdem ist der Kulturwissenschaftler viel in der Welt herumgekommen, wie man an diesem Buch sehen kann.

Bei seinen Ausflügen führt er neben einem Fotoapparat auch einen Handfeger mit sich. Er benutzt ihn, um den Sand von den Kanaldeckel zu fegen, damit sie auf den Bildern in ihrer ganzen Schönheit erscheinen können. Mitunter kommt es deshalb zu Missverständnissen: In Jüterbog beispielsweise drohte ein besorgter Bürger damit, die Polizei zu rufen; und in Berlin vermutete ein Angestellter eines Getränkemarktes, dass ein Einbrecher einen nächtlichen Raubzug vorbereiten würde.

Seine Fotos nimmt Stefan Paubel immer senkrecht nach unten auf. Am Computer verbringt er anschließend noch viel Zeit mit einem Bildbearbeitungsprogramm. Die Feinarbeiten sind notwendig, damit die Perspektive stimmt und sich die Kanaldeckel in einem perfekten Quadrat befinden.

DU BIST NICHT ALLEIN   Doch so außergewöhnlich diese Leidenschaft auch sein mag – mit seinem Hobby ist der Kanaldeckel-Jäger nicht allein. Der Essener Diplom-Ingenieur Günter Pilger z.B. interessiert sich außer für alte Haustüren und Insekten ebenfalls für Kanaldeckel aller Art, fotografiert sie und stellt die Bilder ins Internet.

Frank Ackermann, Leiter der zentralen Dienste bei den Technischen Betrieben Remscheid, hat den Ehrgeiz, die größte Foto-Kanaldeckel-Galerie der Welt zusammenzustellen und bittet um die Zuarbeiten interessierter Bürger.

Michael Laukamp aus Coersfeld in Westfalen hat die Deckelwerbung in Fußgängerbereichen erfunden und sie zum Patent angemeldet. 1996 bekam er dafür auf der Nürnberger Erfindermesse eine Silbermedaille verliehen.

Viele alte Kanaldeckel sind mit Mustern, Firmennamen und Jahreszahlen verziert. Das brachte Künstler wie Andreas und Mathias Pohlmann in Köln, Ruppe Koessleck in Kiel sowie Emma-France Raff in Berlin auf die Idee, mit einer Rolle Farbe auf Kanaldeckel aufzutragen und dann Papier oder Stoff mit dem Abbild zu bedrucken.

Im bayerischen Rosenheim startete die Firma Kathrein einen Versuch, um Antennenanlagen auf Häuserdächern überflüssig zu machen: In Revisionsschächten installierte sie unter den Kanaldeckeln Sender für mobile Netzwerke.

Die Manufaktur Deli Cacao in Berlin Reinickendorf bietet einschlägig interessierten Leckermäulchen einen 55 Gramm schweren Schokoladen-Kanaldeckel zum Vernaschen an, und seit dem Jahr 2002 vergibt das Institut für Unterirdische Infrastruktur (IKT) den »Goldenen Kanaldeckel«. Mit diesem sogenannten Oscar der Kanalbranche werden besondere Leistungen beim Bau und Betrieb einer modernen Kanal-Infrastruktur gewürdigt.

WASSER IST ZUM WASCHEN DA   Wenn sich zwei Teile des chemischen Elements Wasserstoff (H) mit einem Teil des chemischen Elements Sauerstoff (O) verbinden, wird H_2O daraus.

H_2O, also Wasser, ist das wichtigste Lebensmittel auf der Welt. Ohne Trinkwasser kann kein menschliches Leben existieren. Deshalb sind die ersten Siedlungen häufig an Flüssen und Bächen entstanden. »An der Quelle saß der Knabe« dichtete schon Friedrich Schiller. Diese exponierte

Lage brachte noch andere Vorteile mit sich. Wasser wird nämlich nicht nur getrunken. Es ist außerdem zum Waschen da. Auch zum Zähneputzen kann man es benutzen. Die Reste wurden zusammen mit dem Inhalt von Nachtgeschirren über Rinnsteine in die fließenden Gewässer geleitet und auf diese Weise weggespült.

Doch schon die alten Römer störten sich an den üblen Gerüchen, die von diesen Abwasserläufen aufstiegen und die Luft verpesteten. Deshalb verlegten sie die Leitungen unter die Erde und mauerten Kanäle. Die Cloaca Maxima in Rom war bis zu drei Meter breit und teilweise vier Meter hoch. Für notwendige Instandhaltungsarbeiten gab es Revisionsschächte. Damit dort kein unachtsamer Bürger hineinfallen konnte, waren sie oben mit steinernen Kanaldeckeln verschlossen.

BERLINER GASSEN-ORDNUNG Das römische Reich ging um das Jahr 480 n. Chr. unter. Das Rad der Geschichte blieb nicht nur stehen, sondern es drehte sich weit zurück. Über 1.000 Jahre lang herrschten in Europa katastrophale hygienische Zustände. Beispielsweise wurde noch am 3. Mai 1707 eine sogenannte Berliner Gassen-Ordnung verabschiedet, in der es u.a. hieß: »Zur Ausgießung der Nachtstühle werden solche Örter hierdurch angewiesen, wo man sonst füglich ans Wasser kommen kann. Insbesondere aber soll, bey Vermeidung schwerer Bestrafung, sich niemand unterstehen, dergleichen gegen das Schloß und Königlichen Garten wie auch in den Canal in der Schleuse ins Wasser zu tragen und auszugießen.«

1739 besannen sich die Stadtplaner endlich wieder auf die Erfahrungen der alten Römer. 1739 gab es dann schließlich in Wien eine erste Kanalisation. 1842 begann in London der Bau eines Abwassersystems, und als erste deutsche Stadt folgte Hamburg im Jahr 1856 nach. Als Vorbild für diese Abwassersysteme diente die Cloaca Maxima.

So wie vor tausend Jahren waren die Abdeckungen der Revisionsschächte zunächst viereckig. Im Laufe der Zeit wurden sie dann durch runde Gullydeckel ersetzt. Diese Form besitzt nämlich den großen Vorteil, dass diese Deckel sich nicht verkanten und in die kreisförmige Einstiegsöffnung fallen können.

EURO-NORM EN 124 Weil in Europa nicht nur Bananen und Gurken typisiert werden, gibt es seit dem Jahr 1994 auch eine europäische Norm für Kanaldeckel. Sie wird EN 124 genannt und unterteilt sich in sechs Belastungsklassen – angefangen bei Bereichen, wo lediglich Fußgänger unterwegs sind, bis hin zu Flächen, über die Flugzeuge rollen. Doch so wie Bürgersteige inzwischen »fußläufige Wegebeziehungen« und Zebrasteifen »Querungshilfen für Fußgänger« heißen, werden Kanaldeckel nun kurz und bündig »Schachtabdeckungen für Einstiegsschächte zur Wartung unterirdischer Versorgungsleitungen« genannt. Diese schlüssige Bezeichnung eignet sich vor allem für Sprechübungen aller Art.

Kanaldeckel haben meistens einen Durchmesser von 60 Zentimetern und kosten zwischen 100 bis 240 Euro pro Stück. Sie werden vorwiegend aus Gusseisen, aber auch aus Polypropylen gefertigt. Es gibt sie mit und ohne

Lüftungen, teilweise mit Holzpflasterung oder einem Betonkern, wasser- oder sogar gas- und geruchsdicht.

In Großbritannien heißen Kanaldeckel »manhole covers«, in Italien »chiusini« und in Holland »putdeksels«. Die Franzosen haben sich eine ganz spezielle Bezeichnung für die Kanaldeckel ausgedacht, nämlich »bouches d'égout«. Wortwörtlich übersetzt bedeutet das »eklige Münder«.

VERBRECHER UND TERRORISTEN Weil Kanaldeckel gute 50 Kilogramm wiegen, werden sie mitunter auch von Verbrechern als Einbruchswerkzeuge benutzt und durch Türen oder Schaufensterscheiben geschleudert, wie beispielsweise am 19. März 2016 bei einem Überfall auf ein Juweliergeschäft in Leipzig und am 29. November 2017 bei einem Raubzug in der Hildesheimer Galeria-Kaufhof-Filiale.

Doch auch Metalldiebe sind nicht zimperlich. Im Jahr 2017 wurden im gesamten Stadtgebiet von Zeitz in Sachsen-Anhalt über 50 Kanaldeckel gestohlen. Glücklicherweise waren keine schweren Unfälle die Folge.

2017 hob ein Betrunkener zu Pfingsten in der Gemeinde Gangelt-Schierwaldenrath bei Aachen mehrere Kanaldeckel aus ihrer Verankerung und warf sie auf die Straße. Weil er von der Polizei gestoppt werden konnte, kam niemand zu Schaden. Am 22. Oktober 2017 traf es dann einen 24jähriger Autofahrer in Iserlohne. In den frühen Morgenstunden geriet mit dem rechten Vorderrad seines Wagens in einen offenen Kanalschacht. Unbekannte Täter hatten den Gullydeckel entfernt und 100 Meter weiter abgelegt.

Nach dem Ende des Hamburger Aufstands am 23. Oktober 1923 flüchteten etliche Kämpfer durch die Kanalisation. Auch beim Warschauer Aufstand ab dem 1. August 1944 nutzten Mitglieder der polnischen Streitkräfte das weitverzweigte Netz der Entwässerungsanlagen zur Fortbewegung. Damit heutzutage Terroristen erst gar nicht auf eine ähnliche Idee kommen können, ist es in Deutschland inzwischen bei Besuchen von amerikanischen Präsidenten und anderen hohe Staatsgästen üblich geworden, entlang der Fahrtrouten Tausende von Kanaldeckel zuzuschweißen.

EIN KULTURGUT VERSCHWINDET Kanaldeckel sind trotz ihrer Unscheinbarkeit ein wichtiges Kulturgut und teilweise seit 140 Jahren im Gebrauch. Sie können spannende Geschichten aus längst vergangenen Zeiten erzählen. Doch die alten, kunstvoll verzierten und geschichtsträchtigen Deckel werden immer weniger. Sie fallen nicht nur Metalldieben zum Opfer, sondern müssen im Zuge von Straßenbauarbeiten häufig den modernen und gesichtslosen Exemplaren weichen.

Von den 3.500 Kanaldeckeln, die Stefan Paubel in Berlin fotografiert hat, sind schon viele nicht mehr auffindbar. Das große Verdienst des Kulturwissenschaftlers besteht deshalb darin, dass er die Erinnerung an ein verschwindendes Kulturgut für die Nachwelt bewahrt.

Wolfgang Schüler, Dezember 2017

DIE VIELFALT DER EUROPÄISCHEN KANALDECKEL

Ref. 8.1

Ref. 8.4

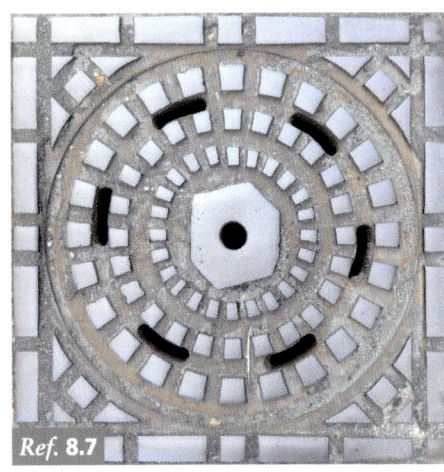
Ref. 8.7

Ref. 8.2

Ref. 8.5

Ref. 8.8

Ref. 8.3

Ref. 8.6

Ref. 8.9

1 Vier Speichen und Holzreste in einem „Zweireiher", Luckenwalde.

2 Ein schöner alter „Einreiher" in Berlin in der Gaudystraße.

3 Fünf Speichen und Holzreste in Jüterbog.

4 Sechs Speichen in Genthin. In den Sechsteln befand sich früher Holz.

5 Acht Speichen bei einem H. Behrendt Deckel in Anklam.

6 Komplett aus Metall, ein „Hans Bohn" in der Waagegasse in Erfurt.

7 Komplett aus Metall, in Le Havre, Frankreich.

8 Ein alter achteckiger Metallkanaldeckel in Leipzig.

9 Ein alter zwölfeckiger Metallkanaldeckel in Eisenach.

DIE VIELFALT DER EUROPÄISCHEN KANALDECKEL

Kanaldeckel in Europa: Eine kleine Einführung sowie Anmerkungen über grenzenlose Vielfalt

Die alten Römer hatten schon eine Abwasserkanalisation und auch steinerne Kanaldeckel. In Europa wurden die ersten Kanalisationen in den Städten nach Mitte des 19. Jahrhunderts gebaut. London und Wien waren sehr früh dabei. Es gibt viele unterschiedlich geformte Abdeckungen auf den Gehwegen und Straßen in den Städten, Orten und Dörfern. Sie verschließen Gas-, Kabel-, und Wasserkanäle. In diesem Buch geht es nur um die schönen alten Kanaldeckel der Abwasser- und Regenwasserkanalisation. Wobei „alt" heißt, von den Anfängen der Kanalisation im 19. Jahrhundert bis ca. 1970. Erstaunlicherweise habe ich in den letzten fünf Jahren noch sehr viele dieser alten Kanaldeckeln entdeckt. Nach fast 150 Jahren Geschichte der Kanalisation in Europa ist das schon erstaunlich. Es war mir nicht möglich, alle wichtigen Städte in Europa zu besuchen. Deshalb gibt es hier „nur" eine kleine Auswahl. Aber auch dennoch ist ihre Vielfalt beeindruckend.

Eine Schachtabdeckung oder ein Kanaldeckel besteht aus dem runden Deckel und einem quadratischen oder runden Rahmen. Quadratische Deckel bei Abwasser- und Regenwasserkanalisationen sind seltener. Wenn vorhanden, sind sie häufig mittels Scharnieren vor einem Absturz gesichert. Runde Kanaldeckel können nicht in den Schacht stürzen! Kanalisationsschächte benötigt man zum Einstieg, zur Kontrolle, Reinigung und Lüftung. Deshalb gibt es diese unterschiedlich ausgeprägten Lüftungsschlitze. Viele Kanaldeckel haben keine Lüftungsschlitze. Dafür aber unterschiedlich große Öffnungen um die Werkzeuge zum Öffnen der Deckel anzubringen. Die ganz alten Kanaldeckel waren in Deutschland ursprünglich mit Holz verfüllt. Das sparte das teure Gusseisen, verkürzte aber die Haltbarkeit der Kanaldeckel. Die Kanaldeckel mit dem doppelten Lüftungsschlitzring und Holz sind in Deutschland die ältesten – in Berlin wurden sie auch „Zweireiher" genannt (Abb. 8.1).

Das Holz in diesen alten Kanaldeckeln befand sich in den vier Vierteln. Es waren zurecht geformte Eichenholzklötze. Dazwischen die vier Speichen aus Metall, oder eine andere Anzahl von ihnen (Abb. 8.2 - 8.5). Das Holz wurde in späteren Jahren durch andere Materialien ersetzt. Die Fächer wurden aufwendig mit Steinen, Beton oder Asphalt verfüllt. Ein alter Kanaldeckel kann ein Gewicht bis zu 275 kg haben.

1 Ein alter zwölfeckiger Metallkanaldeckel in Wurzen.

2 Metallkanaldeckel mit Gullyöffnungen in Cottbus von 1897.

3 Eine andere Art des Lüftungsschlitzrings in Dresden.

DIE VIELFALT DER EUROPÄISCHEN KANALDECKEL

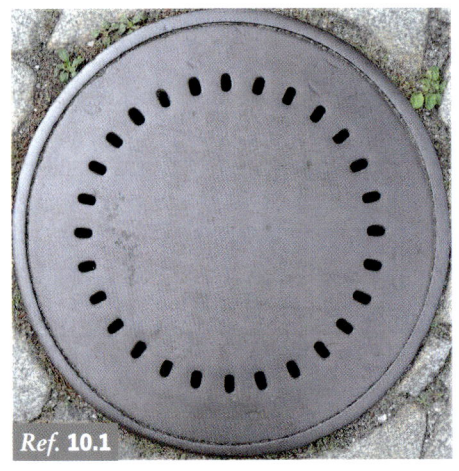
Ref. 10.1

Ref. 10.4

Ref. 10.7

Ref. 10.2

Ref. 10.5

Ref. 10.8

Ref. 10.3

Ref. 10.6

Ref. 10.9

1. Noch eine andere Art des Lüftungsschlitzrings in Dresden.
2. Lüftungsschlitze in einem Deckel in Gera am Südbahnhof.
3. Ein typischer Kanaldeckel in Wien. Mit Scharnier, Öffnungsgitter und Beschriftung von 1900.
4. Kanaldeckel mit Scharnier in Cancale in Frankreich.
5. Ein Kanaldeckel aus Blech mit zwei Scharnieren in Großbritannien.
6. Einer der durchnummerierten Kanaldeckel in Bozen mit der Zahl 369.
7. R für Regenwasser in der Gäblerstraße in Berlin.
8. S für Schmutzwasser in der Große Leege Straße in Berlin.
9. Kurioser Tausch S in R. Fotografiert im Hoehnerweg in Berlin.

In späteren Jahren ging man zum „Einreiher" über (Abb. 8.2). Durch den einfachen Lüftungsschlitzring waren diese Deckel auf der Straße viel robuster. Der Magistrat von Berlin ging übrigens in den 1920er Jahren davon aus, daß so ein Kanaldeckel 20 - 30 Jahre halten wird. Es gibt aber heute Exemplare, die sind bald 140 Jahre alt! Kanaldeckel komplett aus Metall gibt es in Europa in verschiedensten Formen. Hier habe ich zwei schöne Exemplare. (Abb. 6.6 + 6.7)

Ref. 11.1

Neben viereckigen und runden Modellen gibt es noch verschiedene Kanaldeckelformen mit unterschiedlich vielen Ecken. Hier sind drei Varianten zu sehen (Abb. 8.8, 8.9, 9.1). Kanaldeckel mit Scharnier gibt es in vielen Varianten. Am konsequentesten war und ist man in Wien (eine der ältesten Kanalisationen in Europa). Dort sind seit den 1870er Jahren, bis heute, die meisten Kanaldeckel mit Scharnier und viele von ihnen mit üppigen Gullyöffnungen versehen. Die Öffnungen variieren in ihrer Anzahl. Aber das Prinzip ist seit über 150 Jahren das Gleiche geblieben. Den ältesten Kanaldeckel nach diesem System habe ich in Wien mit der Jahreszahl 1886 gefunden und den Neusten mit 2015 (Abb. 10.3). Und außerdem, da freut sich der Sammler, sind in Wien fast immer die Jahreszahlen und die Hersteller auf den Deckeln vermerkt. In Großbritannien sind die meisten Kanaldeckel aus Stahlblech und haben zwei Scharniere in der Diagonalen aufzuweisen (Abb. 10.5). Eine Kuriosität sind die Kanaldeckel in Bozen. Diese sind durchnummeriert. Das heißt, jeder Guß wurde mit einer anderen Zahl versehen. Die niedrigste Zahl, die ich fand, war die 7 und die höchste Zahl die 400 (Abb. 10.6).

Ref. 11.2

Am Anfang der Kanalisation waren die Kanäle für das Schmutzwasser und das Regenwasser getrennt. Das Regenwasser leitete man in die Flüsse und das Schmutzwasser kam anfangs auf die Rieselfelder und später in die Klärwerke. Um die Kanäle zu unterscheiden, wurden sie deshalb mit dem Buchstaben S oder R markiert. Häufig lagen sie dicht beieinander. Die Kanäle hatten an bestimmten Stellen einen Notüberlauf, so das bei starkem Regen das Wasser zusammen in die Flüsse floß. Das ist teilweise heute noch so und führt bei starkem Regen zu einer hohen Verschmutzung der Flüsse. In den modernen Kanälen wird das Regen- und Schmutzwasser zusammen aufgenommen. Denn das Regenwasser ist nach seiner Wanderung durch die Kanalisation nicht mehr so sauber, wie es vom Himmel fiel. Deshalb kommt das Regenwasser heute auch mit ins Klärwerk.

Ref. 11.3

Kurios ist der Kanaldeckel auf der Abbildung 10.9. Zu DDR-Zeiten tauschte man kaputte Deckel gegen die aus, die gerade übrig waren. In diesem Falle gelangte so ein Deckel mit dem S darauf in einen Rahmen mit einem R. Das gute Stück liegt in Berlin. Der Buchstabe K steht in den meisten Sprachen für Kanalisation. Damit unterscheiden sich diese Deckel von denen der Telefongesellschaften und anderen Kabelabdeckungen. Die alten Kanaldeckel von Berlin habe ich alle nach Redaktionsschluß meines ersten Buches gefunden.

1 S für Schmutzwasser in der Metastraße in Berlin.

2 R + S. Ein sehr gut erhaltenes Paar in der Verdener Gasse in Berlin.

3 R +S. Ein gut erhaltenes Paar in Saarbrücken.

Stefan Paubel, Dezember 2017

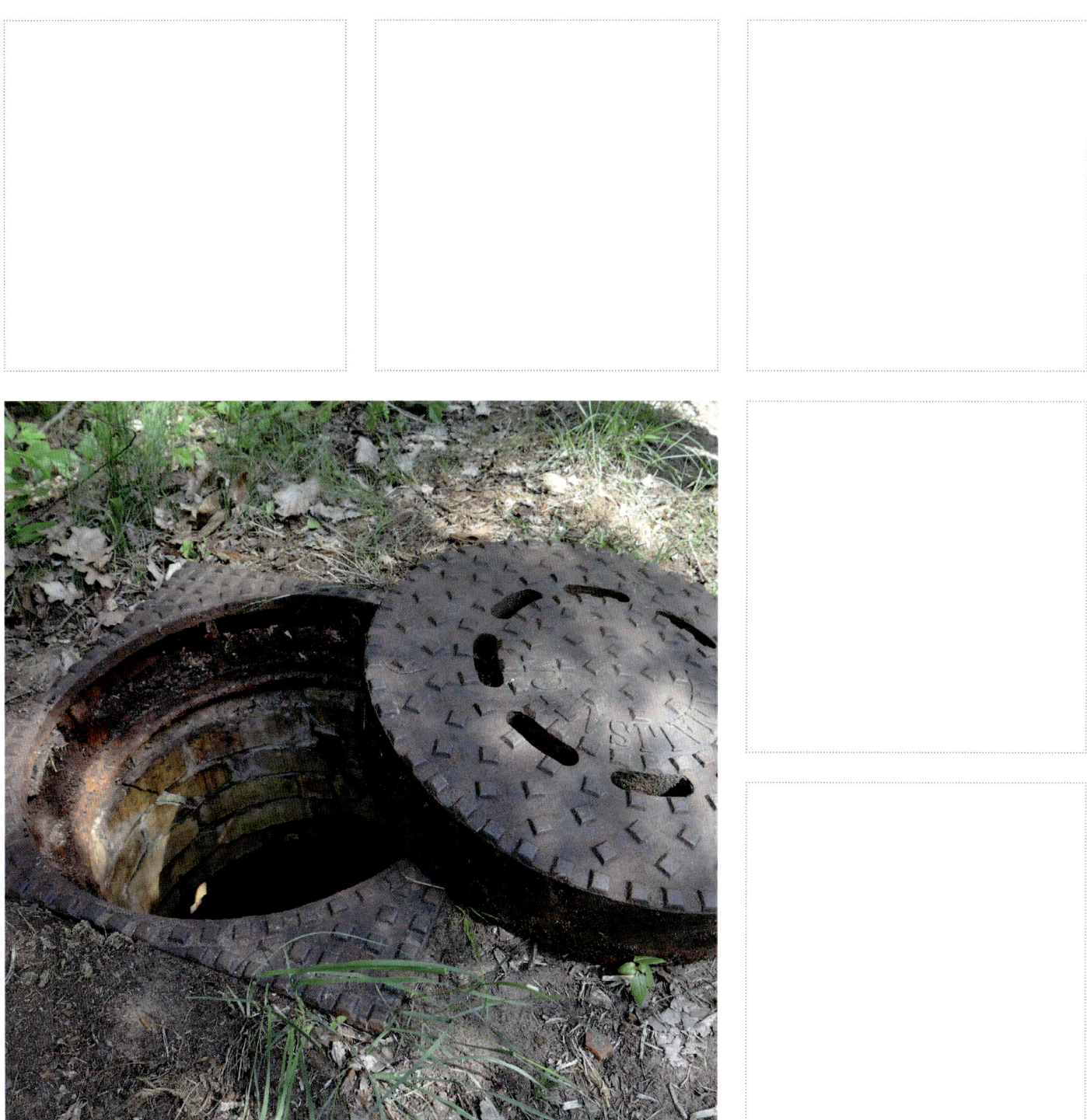

Geöffneter Kanal im Wald bei Friedrichshagen

AHLBECK

Ref. 14.1

Ref. 14.3

Ref. 14.4

Ref. 14.2

Ref. 14.5

Ref. 14.6

1 G. A. Neumann Berlin, vier Lüftungsöffnungen, Dünenstraße.

2 Sehr schönes altes Muster, Lindenstraße 16.

3 G. A. Neumann Berlin, vier Lüftungsöffnungen, Waldstraße.

4 G. A. Neumann Berlin, vier Lüftungsöffnungen, Waldstraße.

5 Detail.

6 Detail.

ANGERMÜNDE

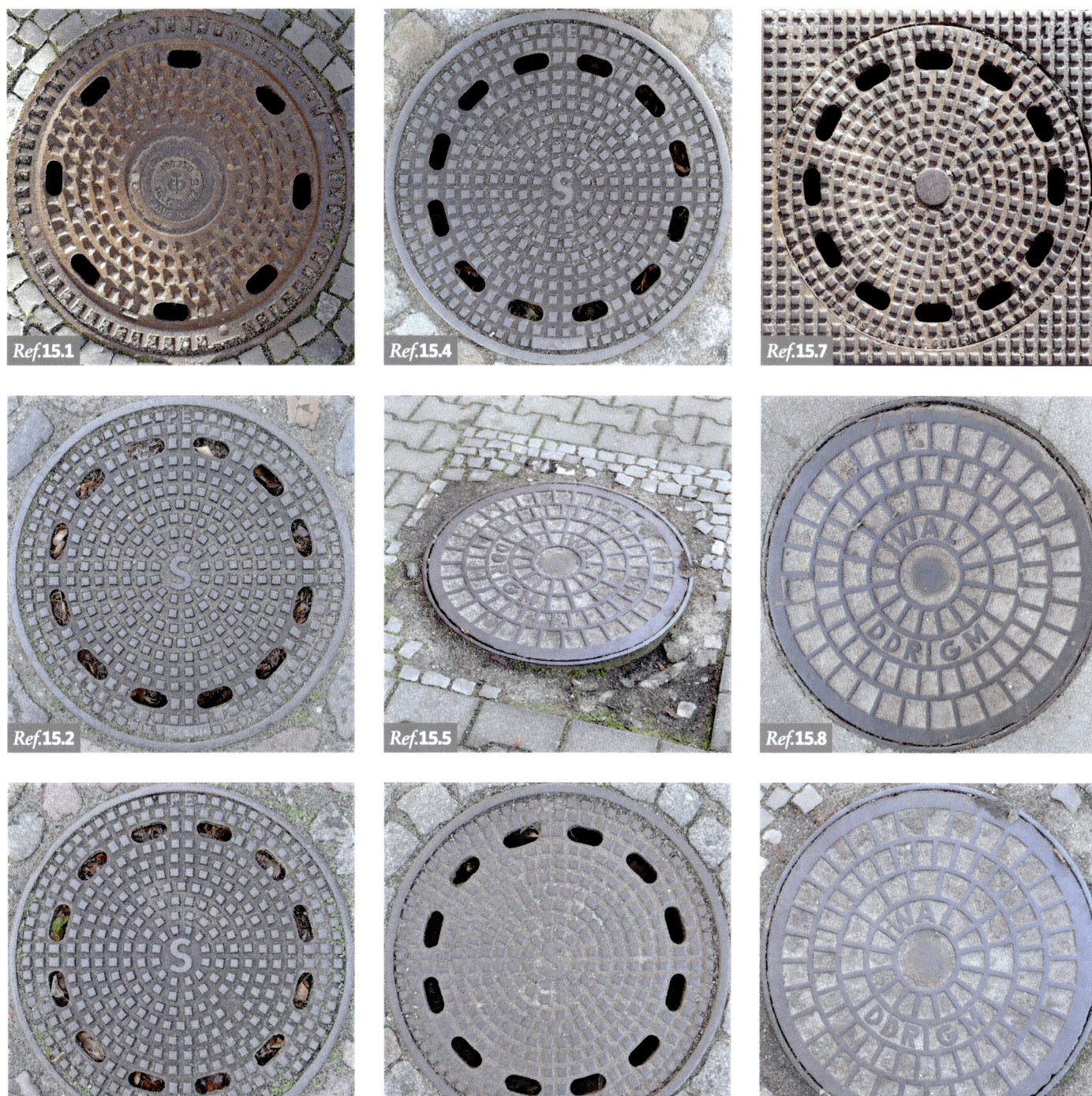

1. Made in GDR 03, 8 Lüftungsschlitze, rund.
2. S in der Mitte, 12 Lüftungsschlitze, rund.
3. S in der Mitte, 12 Lüftungsschlitze, rund.
4. S in der Mitte, 12 Lüftungsschlitze, rund.
5. WAL DDR GM, liegt viel zu hoch in der Straße.
6. S in der Mitte, 12 Lüftungsschlitze, rund.
7. VEB Eisenwerk Guben, 25 Noppen 12 Lüftungsschlitze.
8. WAL DDR GM, rund.
9. WAL DDR GM, rund.

ANGERS (FRANKREICH) 16

Ref.16.1

Ref.16.3

Ref.16.4

Ref.16.2

Ref. 16.5

Ref. 16.6

1. Muster.
2. Eaux Pluviales Ville D`Angers.
3. Eaux Pluviales Ville D`Angers.
4. Queruel 61 Flers.
5. Queruel 61 Flers.
6. Muster.

ANKLAM

Ref. 17.1

Ref. 17.4

Ref. 17.7

Ref. 17.2

Ref. 17.5

Ref. 17.8

Ref. 17.3

Ref. 17.6

Ref. 17.9

1 HB (H.Behrendt), acht Speichen, 2 Lüftungsöffnungen, rund, Am Bahnübergang.

2 HB (H.Behrendt), acht Speichen, zwei Lüftungsöffnungen, rund, Ellbogenstraße 4.

3 HB (H.Behrendt), acht Speichen, zwei Lüftungsöffnungen, rund, Ellbogenstraße 1, vor dem Lilienthalmuseum.

4 HB (H.Behrendt), acht Speichen, zwei Lüftungsöffnungen, rund, vor dem Bahnhof.

5 HB (H.Behrendt), acht Speichen, zwei Lüftungsöffnungen, rund, Wördeländer Straße 3.

6 Made in GDR 09, acht Lüftungsschlitze, rund, Klosterstraße 5.

7 VEB Eisenhammer, rund, Klosterstraße 6.

8 Muster, rund, Hauptstraße 18.

9 WAL DPA, zwei Lüftungsöffnungen, Fischerstraße 2.

APOLDA

Ref. 18.1

Ref. 18.3

Ref. 18.4

Ref. 18.2

Ref. 18.5

Ref. 18.6

1 Sehr alt, fünf Lüftungsöffnungen.

2 Allgemeine Städterejnjgungs Gesellschaft Wiesbaden, vor dem Kunstverein Apolda, Bahnhofstraße 42.

3 Sehr alt, fünf Lüftungsöffnungen.

4 Stieberitz & Müller Apolda, quadratisch.

5 Stieberitz & Müller Apolda, quadratisch, neun Lüftungsöffnungen.

6 Doppelter Ring mit Lüftungsöffnungen.

ARCACHON (FRANKREICH)

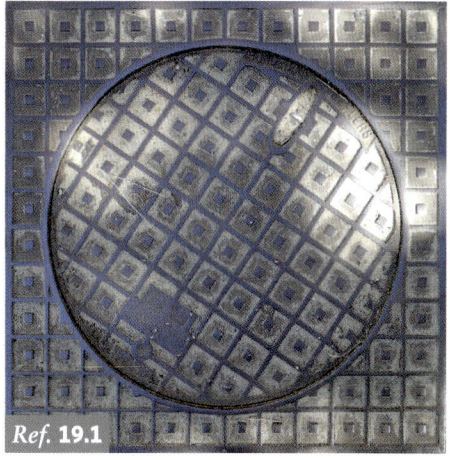 Ref. 19.1
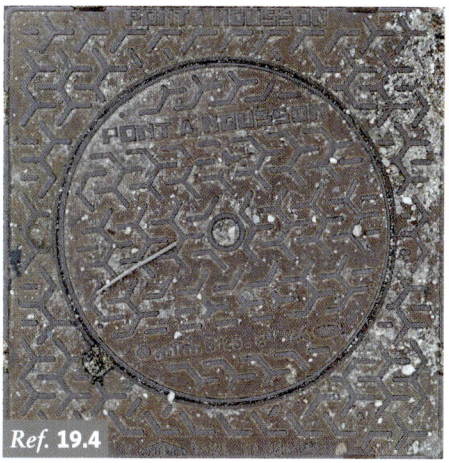 Ref. 19.4
 Ref. 19.7
 Ref. 19.2
 Ref. 19.5
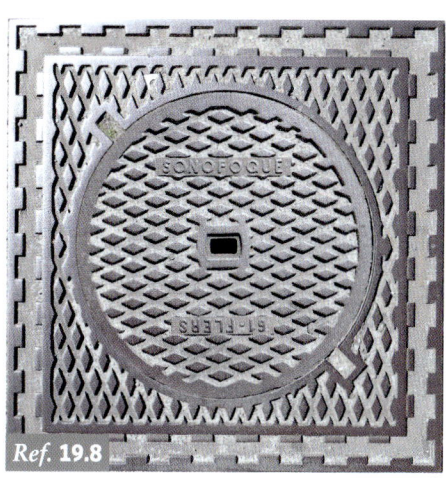 Ref. 19.8
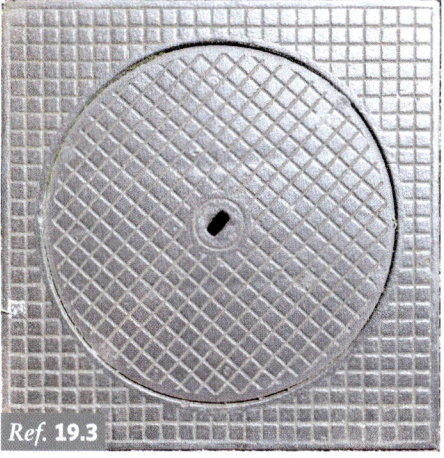 Ref. 19.3
 Ref. 19.6
 Ref. 19.9

1 Sonofoque 61 Flers.

2 Muster.

3 Muster.

4 Pont A Mousson.

5 Queruel 61 Fleurs Modele Despose RAD 85.

6 Fondeur Flers Orne Queruel Lorfeuvre.

7 Fondeur Flers Orne Queruel Lorfeuvre, eine Lüftungsöffnung, 29 Noppen.

8 Sonofoque 61 Flers.

9 Fondeur Flers Orne Queruel Lorfeuvre.

BABELSBERG

20

Ref. 20.1

Ref. 20.4

Ref. 20.7

Ref. 20.2

Ref. 20.5

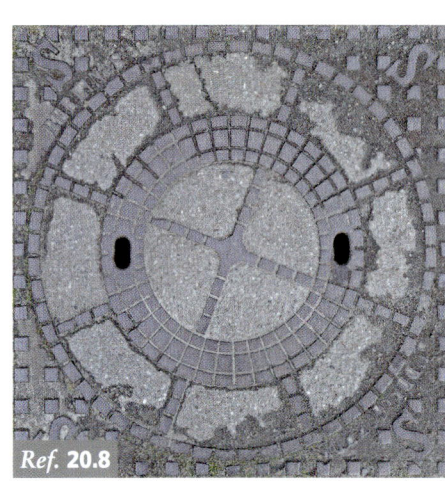
Ref. 20.8

Ref. 20.3

Ref. 20.6

Ref. 20.9

1 16, Muster, rund, Friedrich Engels Straße 4.

2 Budde & Goehde Berlin S. Doppelter Lüftungsschlitzring, mit Steinen ausgefüllt, 15 Noppen, Johannsenstraße 2.

3 Budde & Goehde Berlin S. Doppelter Lüftungsschlitzring, 15 Noppen.

4 Budde & Goehde Berlin S. Doppelter Lüftungsschlitzring, 15 Noppen, Neuendorfer Anger 15.

5 Doppelter Lüftungsschlitzring, 15 Noppen, Leibnitzstraße 38.

6 Muster, Friedrich Engels Straße 46.

7 Muster, Karl Liebknecht Straße 125.

8 S in allen vier Ecken, zwei Lüftungsöffnungen.

9 Symbol in allen vier Ecken, 12 Lüftungsöffnungen.

Ref. 21.1

Ref. 21.4

Ref. 21.7

Ref. 21.2

Ref. 21.5

Ref. 21.8

Ref. 21.3

Ref. 21.6

Ref. 21.9

1 Doppelter Lüftungsschlitzring, mit Beton ausgefüllt, 14 Noppen, Heinestraße 2.

2 Doppelter Lüftungsschlitzring, mit Asphalt ausgefüllt, 14 Noppen, Waldstraße 9.

3 Doppelter Lüftungsschlitzring, mit Steinen ausgefüllt, 14 Noppen, Waldstraße 18.

4 Doppelter Lüftungsschlitzring, mit Beton ausgefüllt, 14 Noppen, Heinestraße 10.

5 Zugewachsen, Archenholdweg 6.

6 Doppelter Lüftungsschlitzring, mit Ashalt ausgefüllt, 14 Noppen, Waldstraße 10.

7 Muster.

8 MM TGL, acht Lüftungsschlitze, Archenholdweg 6.

9 Gütezeichen 1 Q, Made in GDR, acht Lüftungsschlitze, Archenholdweg 8.

BARCELONA (SPANIEN)

Ref. 22.1

Ref. 22.3

Ref. 22.4

Ref. 22.2

Ref. 22.5

Ref. 22.6

1 Barcelona Sdad Gral Aguas.
2 Sociedad de Aguas de Barcelona.
3 Incendis, Algües de Barcelona.
4 Incendis, Algües de Barcelona.
5 Incendis, Algües de Barcelona.
6 Muster.

BARCELONA (SPANIEN)

Ref. 23.1

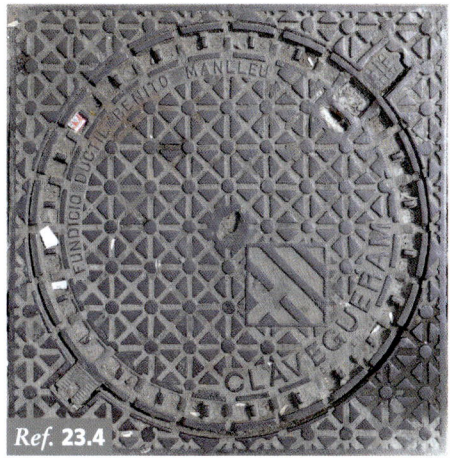
Ref. 23.4

Ref. 23.7

Ref. 23.2

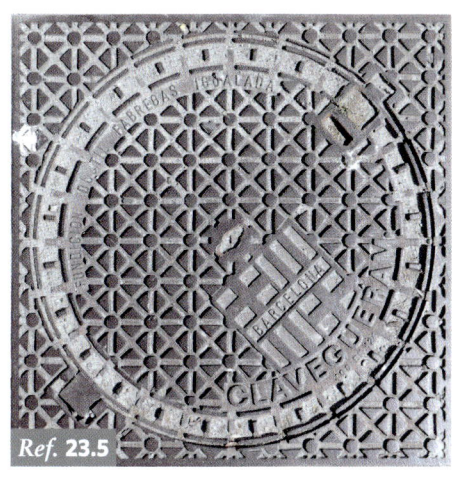
Ref. 23.5

Ref. 23.8

Ref. 23.3

Ref. 23.6

Ref. 23.9

1 Aguas Potables, rund.

2 Fundicion Colomer Sabadelli Alcantarillado, rund.

3 CGE PC.

4 Fundicio Ductil Bento Manlleu Clavegueram.

5 Fundicio Ductil Fabregas Igualada Clavegueram Barcelona.

6 Fundicio Ductil Fabregas Igualada Clavegueram Barcelona.

7 Fundicion Colomer S.A. Barbera Del Valles XXV. Olimpiada Barcelona 92.

8 Ajuntament Barcelona Vila Olimpica S.A. Claegueram.

9 Barcelona Sdad Gral Aguas.

BESKOW

Ref. 24.1

Ref. 24.3

Ref. 24.4

Ref. 24.2

Ref. 24.5

Ref. 24.6

1. Made in GDR 98.
2. Kelle & HIldebrandt Dresden.
3. Made in GDR 99.
4. Made in GDR 99.
5. Kelle & HIldebr...
6. Dresden.

BEESKOW

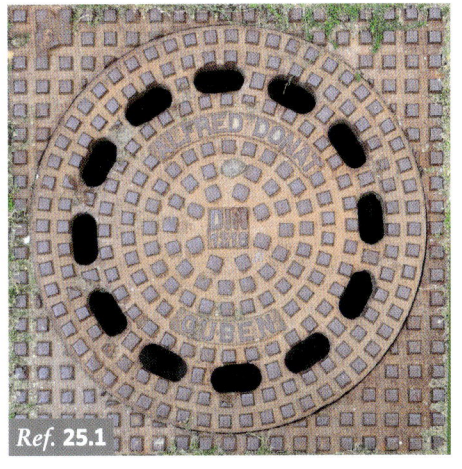
Ref. 25.1

Ref. 25.4

Ref. 25.6

Ref. 25.2

Ref. 25.3

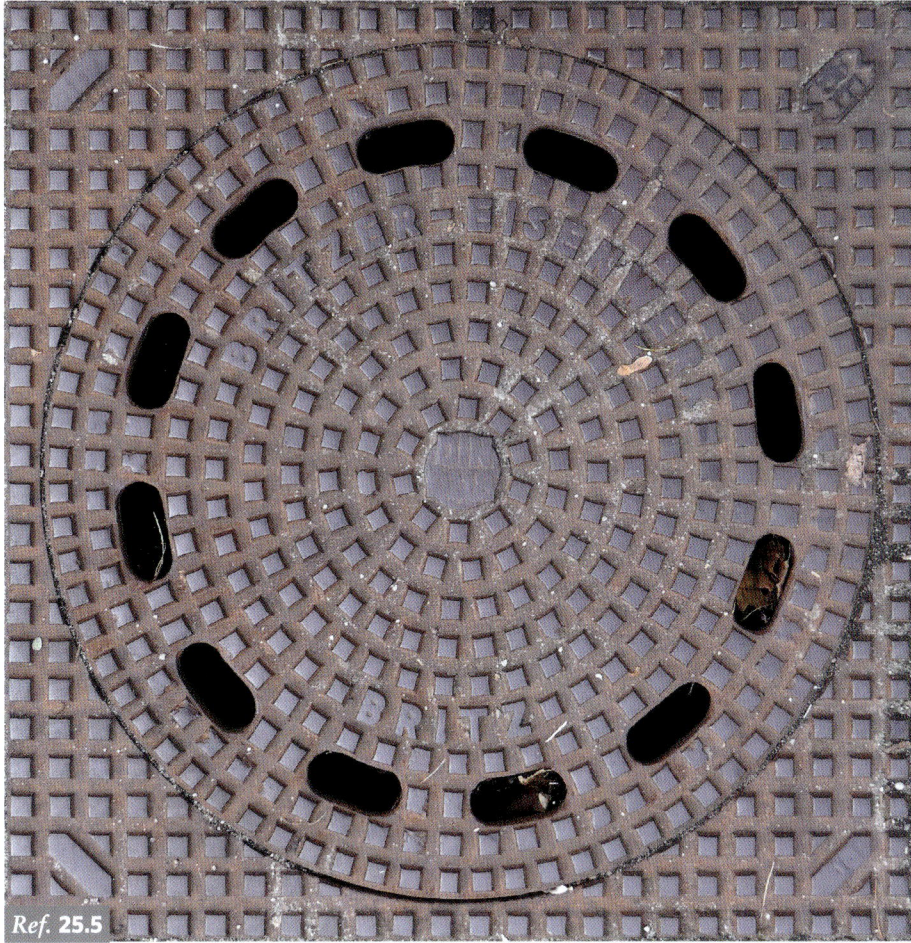
Ref. 25.5

1 Alfred Donat Guben, DIN 1218.

2 Reissig & Berck Unterwellenborn.

3 Reissig & Berck Unterwellenborn.

4 Britzer Eisenwerk Britz.

5 Britzer Eisenwerk Britz.

6 WAL DDR GM.

BERLIN

Ref. 26.1

Ref. 26.4

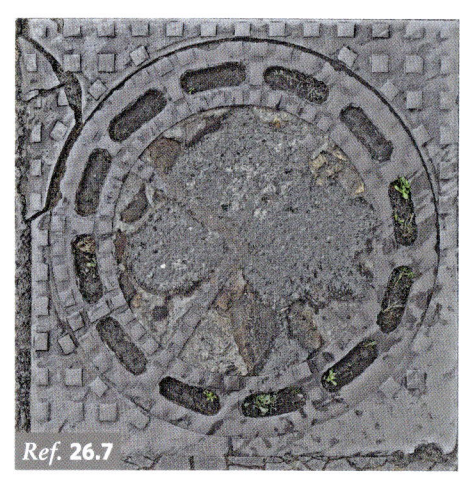
Ref. 26.7

Ref. 26.2

Ref. 26.5

Ref. 26.8

Ref. 26.3

Ref. 26.6

Ref. 26.9

1. Mit Steinen verfüllt, 17 Noppen, Gaudystraße 16.

2. Budde & Goehde, mit Steinen verfüllt, 17 Noppen, stark beschädigt, Friedenstraße 32.

3. Budde & Goehde, mit Steinen verfüllt, 17 Noppen, Friedenstraße 14.

4. Budde & Goehde, mit Beton verfüllt, doppelter Lüftungsschlitzring, 17 Noppen, stark beschädigt, Bastianstraße 17.

5. Budde & Goehde Berlin S., R in der Mitte, bewachsen, 17 Noppen, Tucholskystraße 28.

6. Maschinenfabrik Cyclop Berlin, mit Beton verfüllt, 19 Noppen, Schulstraße 32.

7. Stark beschädigt, Lückstraße 34.

8. Beschädigt, Herzbergstraße 3.

9. Canalisation Niederschönhausen, beschädigt, Cottastraße 8.

BERLIN

Ref. 27.1

Ref. 27.4

Ref. 27.6

Ref. 27.2

Ref. 27.3

Ref. 27.5

1. Eisengiesserei Eberswalde, doppelter Lüftungsschlitzring, 15 Noppen, mit Beton verfüllt, Koloniestraße 6.

2. Eisengiesserei Eberswalde, Lehder Straße 110.

3. Muster, Bürgerstraße 18.

4. Funk - Schmidt Apolda, Behaimstraße 7.

5. Wilhelm Rothe & Cie Güsten 1/A 1900, Koloniestraße 3.

6. Komplett mit Holz, Doppelter Lüftungsschlitzring, Rund, S-Bahnsteig Berlin Wannsee.

BERLIN

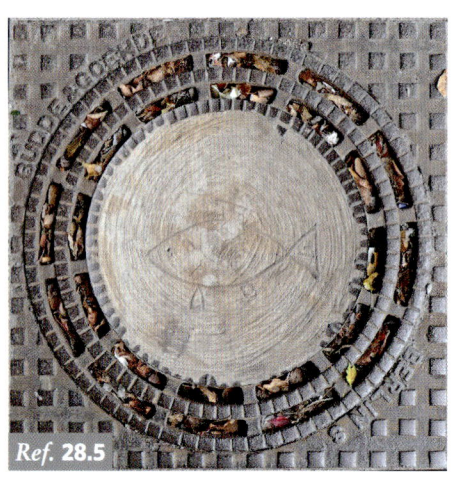

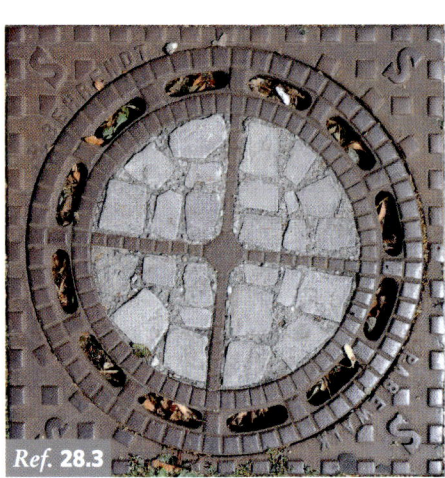

1. H. Behrendt Pasewalk, S in allen vier Ecken, mit Steinen verfüllt, 13 Noppen, Alt Biesdorf 60.

2. H. Behrendt Pasewalk, S in zwei Ecken, mit Beton verfüllt, 13 Noppen, Braunsdorfer Straße 25.

3. H. Behrendt Pasewalk, S in allen vier Ecken, mit Steinen verfüllt, 13 Noppen, Alt Biesdorf 52.

4. H. Behrendt Pasewalk, S in allen vier Ecken, mit Beton verfüllt, 13 Noppen, Alt Biesdorf 65.

5. Budde & Goehde, Berlin S., mit Zeichnung eines Fisches, doppelter Lüftungsschlitzring, 17 Noppen, Torstraße 105.

6. Doppelter Lüftungsschlitzring, mit Beton verfüllt, Hackerstraße 23.

7. H. Behrendt Pasewalk, S in allen vier Ecken, mit Steinen verfüllt, 13 Noppen, Alt Biesdorf 59.

8. H. Behrendt Pasewalk, S in allen vier Ecken, mit Beton verfüllt, 13 Noppen, Alt Biesdorf 66.

9. H. Behrendt Pasewalk, Symbol in allen vier Ecken, mit Beton verfüllt, 17 Noppen, Braunsdorfer Straße 21.

BERLIN

Ref. 29.1

Ref. 29.4

Ref. 29.7

Ref. 29.2

Ref. 29.5

Ref. 29.8

Ref. 29.3

Ref. 29.6

Ref. 29.9

1 „Mittendrin Berlin!" auf EN124, Langhansstraße 26

2 Stark abgewetzt, Libauerstraße 2.

3 S in allen vier Ecken, mit Steinen verfüllt, 13 Noppen, Bentschener Weg 18.

4 R in allen vier Ecken, mit Steinen verfüllt, stark beschädigt, 13 Noppen, Alt Biesdorf 55.

5 Stark beschädigt, Alt Biesdorf 55.

6 Symbol in allen vier Ecken, mit Beton verfüllt, Braunsdorfer Straße 23.

7 Symbol in allen vier Ecken, mit Beton verfüllt, Lahnsteiner Straße 4.

8 Symbol in allen vier Ecken, mit Beton verfüllt, Alt Friedrichsfelde 115.

9 Symbol in allen vier Ecken, mit Beton verfüllt, Blankenburger Straße 12.

BERLIN

Ref. 30.1

Ref. 30.4

Ref. 30.7

Ref. 30.2

Ref. 30.5

Ref. 30.8

Ref. 30.3

Ref. 30.6

Ref. 30.9

1. Doppelter Lüftungsschlitzring, 13 Noppen, mit Beton verfüllt, Eberswalder Straße 64.
2. H. Hoffmann Prenzlau, HP, 17 Noppen, Stiftsweg 4.
3. Muster, Segelflieger Damm 6.
4. Maschinenfabrik Cyclop Berlin, Hedemannstraße 5.
5. Made in GDR, zerbrochen, Rosestraße 60.
6. Made in GDR 92, auf dem U-Bahnhof Kaulsdorf Nord.
7. G.A. Neumann Berlin W 9, mit Beton verfüllt, 17 Noppen, Gondekerstraße 3.
8. M G.A. Neumann Berlin W 9, mit Steinen verfüllt, 17 Noppen, Hohenbirker Weg 7.
9. Muster, Segelflieger Damm 14.

BERLIN

Ref. 31.1

Ref. 31.4

Ref. 31.7

Ref. 31.2

Ref. 31.5

Ref. 31.8

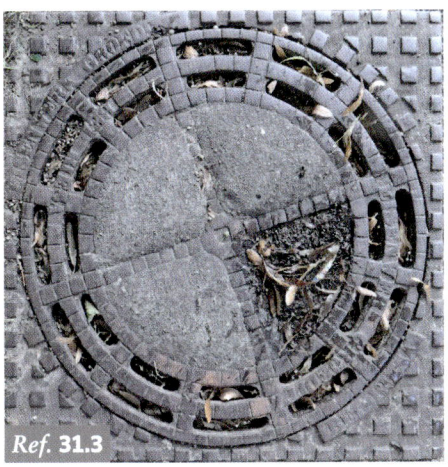
Ref. 31.3

Ref. 31.6

Ref. 31.9

1 BJN, Parkstraße 16 in Berlin Weißensee.

2 Doppelter Lüftungsschlitzring, Persiusstraße 7.

3 Eisenwerk Groeditz bei Riesa, Rhinower Straße 9.

4 Rhinower Straße 12.

5 S, acht Lüftungsschlitze innen, Große Seestraße 12 A.

6 S, vier Lüftungsschlitze innen, Börnestraße 5a.

7 Budde & Goehde Berlin S., Doppelring, vor dem S-Bahnhof Alt-Reinickendorf.

8 Neusalz, Alt-Köpenick 12.

9 S, vier Lüftungsschlitze innen, Börnestraße 16.

BERLIN

Ref. 32.1

Ref. 32.4

Ref. 32.7

Ref. 32.2

Ref. 32.5

Ref. 32.8

Ref. 32.3

1 Budde & Goehde Berlin S, Hosemannstraße 4.

2 Budde & Goehde Berlin S, vor dem Sowjetischen Ehrenmal in Berlin Tiergarten.

3 Budde & Goehde Berlin S, Rietzestraße 7.

4 Budde & Goehde Berlin S, Rietzestraße 21.

5 Eisenwerk Groeditz bei Riesa, KvB, Rietzestraße 14.

6 Budde & Goehde Eberswalde, auf dem Gelände des Klinikums Fröbelstraße 15.

7 Budde & Goehde Eberswalde, Doppelter Lüftungsschlitzring auf dem Gelände des Klinikums Fröbelstraße 15.

8 Doppelter Lüftungsschlitzring, mit Beton ausgefüllt, auf dem Gelände des Klinikums Fröbelstraße 15.

9 Neusalz auf dem S Bahnsteig Hirschgarten.

BILBAO (SPANIEN)

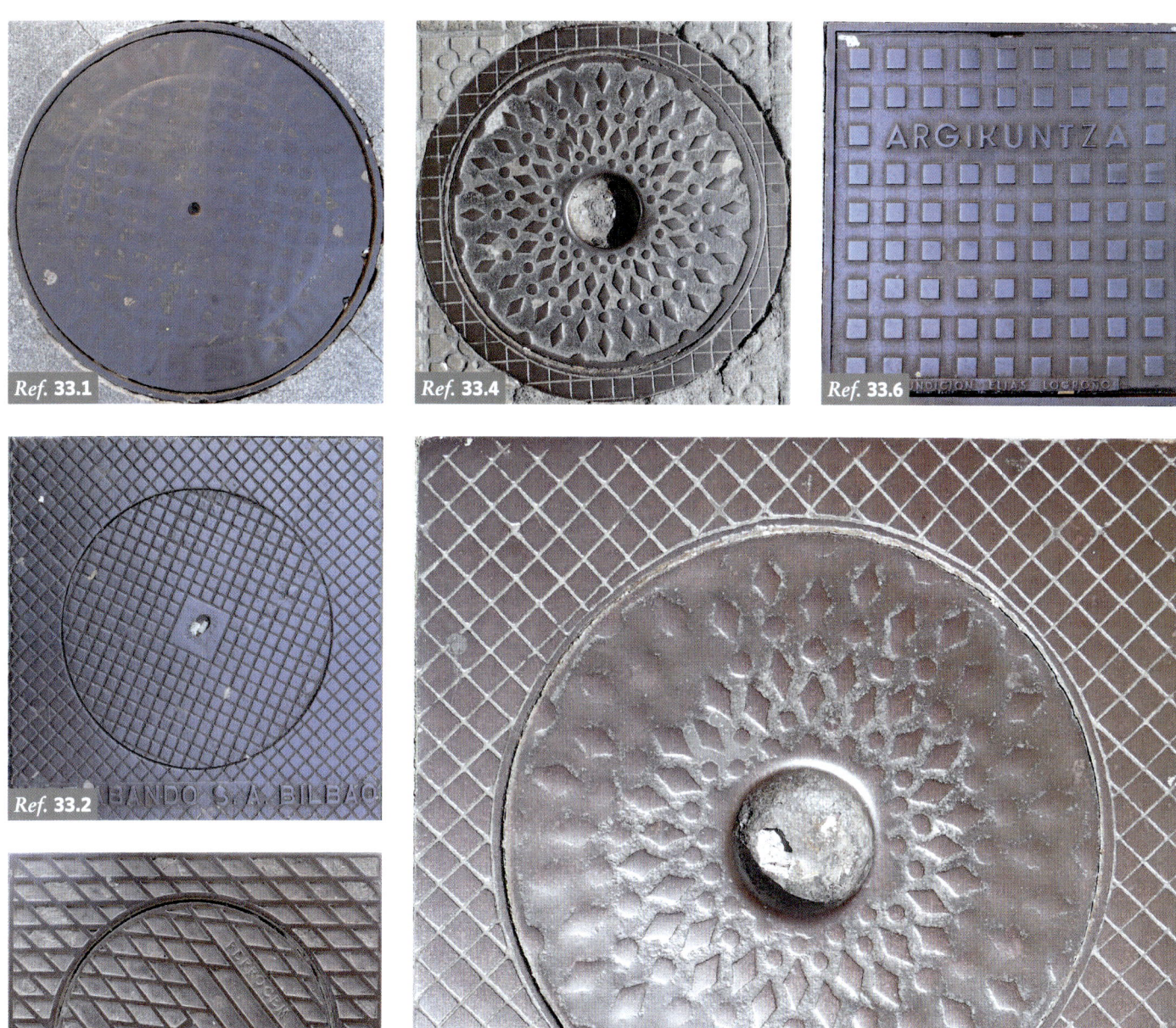

1 Muster.
2 J. De Abando S. A. Bilbao.
3 Perrocem Bilbao.
4 Muster.
5 Muster.
6 Argikuntza.

BORDEAUX (FRANKREICH)

Ref. 34.1

Ref. 34.4

Ref. 34.7

Ref. 34.2

Ref. 34.5

Ref. 34.8

Ref. 34.3

Ref. 34.6

Ref. 34.9

1. Rue Billaudel.
2. Rue De Bahutiers.
3. Rue De Bahutiers.
4. Cours Georges.
5. Rue Camille Sauvageau.
6. Rue de Bahutiers.
7. Rue Francin.
8. Rue du Temple.
9. Rue Billaudel.

BOZEN (ITALIEN)

Ref. 35.1

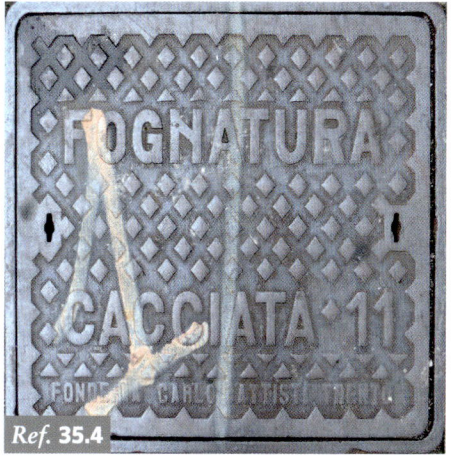
Ref. 35.4

Ref. 35.7

Ref. 35.2

Ref. 35.5

Ref. 35.8

Ref. 35.3

Ref. 35.6

Ref. 35.9

1 Fonderia C Pippa Bolzano.
2 Bolzano Bozen.
3 Bolzano Fognatura Schmutzwasser.
4 Fognatura Cacciata 11.
5 1898 vor dem Opernhaus.
6 Fognatura Ispezione Fonderia Guido Pippa Bolzano.
7 Fognatura Cacciata 17.
8 Fognatura Cacciata 165.
9 10 aufgemalt.

BOZEN (ITALIEN)

Ref. 36.1

Ref. 36.4

Ref. 36.7

Ref. 36.2

Ref. 36.5

Ref. 36.8

Ref. 36.3

Ref. 36.6

Ref. 36.9

1 Veco Martinsicuro.
2 Fognatura Ispezione.
3 Veco Martinsicuro.
4 Bolzano Fognatura Schmutzwasser Bozen.
5 Bolzano Bozen.
6 Bolzano Canale Acque Bianche Regenwasser Bozen.
7 Carlo Battisti Trento.
8 Fognatura Ispezione 383.
9 Carlo Battisti Trento.

BURG BEI MAGDEBURG

Ref. 37.1
Ref. 37.4
Ref. 37.6
Ref. 37.2
Ref. 37.3
Ref. 37.5

1. Vier Speichen, Oberstraße.
2. Vier Speichen, Oberstraße.
3. Vier Speichen, Oberstraße.
4. Vier Speichen, Oberstraße.
5. WAL im Gras.
6. WAL, Joachim-a-Burgk-Straße.

CADIZ (SPANIEN)

Ref. 38.1
Ref. 38.2
Ref. 38.3
Ref. 38.4
Ref. 38.5
Ref. 38.6

1 Muster.
2 Fundicion Hijodel Garcia 27 Aguada Cadiz.
3 Muster.
4 Talleres Manzano Cadiz.
5 Maceda Camas Saneamento.
6 Prida Sevilla.

CALPE (SPANIEN)

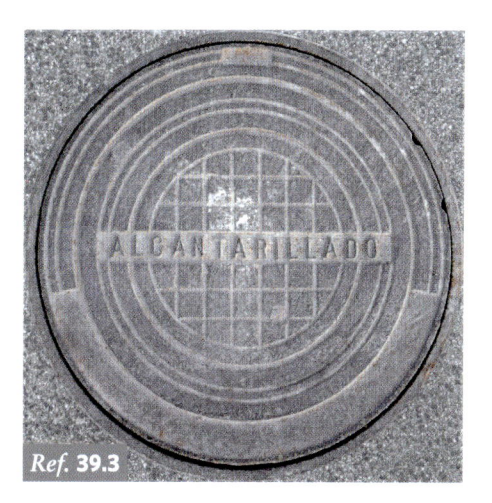

1 Alcantarillado Javea 1988.
2 Saneamiento Calpe.
3 Alcantarillado.
4 Aqua Potable.
5 Saneamiento Calpe.
6 Saneamiento Calpe.

CANCALE (FRANKREICH) 40

Ref. 40.1 *Ref. 40.4* *Ref. 40.7*

Ref. 40.2 *Ref. 40.5* *Ref. 40.8*

Ref. 40.3 *Ref. 40.6* *Ref. 40.9*

1 Fondeur Flers Orne Queruel Lorfeuyres.
2 Fondeur Flers Orne Queruel Lorfeuyres.
3 Fondeur Flers Orne Queruel Lorfeuyres.
4 Fondeur Flers Orne Queruel Lorfeuyres 10.
5 Fondeur Flers Orne Queruel Lorfeuyres.
6 Fondeur Flers Orne Queruel Lorfeuyres.
7 Fondeur Flers Orne Queruel Lorfeuyres.
8 Pont A Mousson Challenger S.
9 Fondeur Flers Orne Queruel Lorfeuyres.

CARNAC (FRANKREICH)

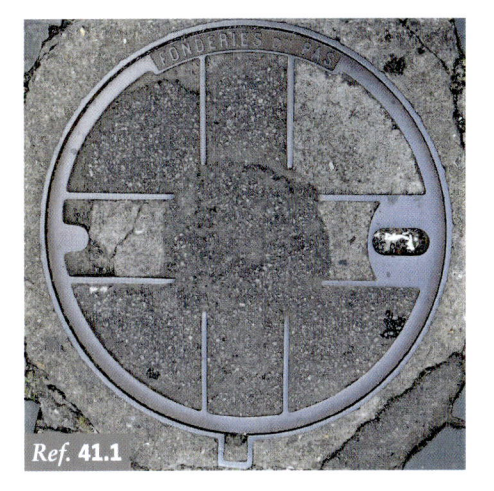

Ref. 41.1
Ref. 41.4
Ref. 41.6
Ref. 41.2
Ref. 41.3
Ref. 41.5

1 Fonderies du Pas.
2 Fondeur Flers Orne Queruel Lorfeuyres.
3 Detail.
4 Detail.
5 Fondeur Flers Orne Queruel Lorfeuyres.
6 Detail.

CHARTRESS (FRANKREICH)

Ref. 42.1	Ref. 42.4	Ref. 42.7
Ref. 42.2	Ref. 42.5	Ref. 42.8
Ref. 42.3	Ref. 42.6	Ref. 42.9

1 CA 85 Sonofoque.

2 No Name.

3 CA 85 Sonofoque.

4 FL.

5 FL.

6 FL.

7 Muster.

8 Fondeur Flers Orne Queruel Lorfeuyres.

9 Muster.

CONCARNEAU (FRANKREICH)

Ref. 43.1
Ref. 43.4
Ref. 43.7
Ref. 43.2
Ref. 43.5
Ref. 43.8
Ref. 43.3
Ref. 43.6
Ref. 43.9

1. Fondeur Flers Orne Queruel Lorfeuvre.
2. Fondeur Flers Orne Queruel Lorfeuvre.
3. Fondeur Flers Orne Queruel Lorfeuvre
4. Fonderies Du Pas (C du N).
5. AC.
6. Fonderies Du Pas RBA.
7. Eaux Pluviales.
8. Eaux Pluviales.
9. Eaux Pluviales.

CORDOBA (SPANIEN)

1. Ayuntamiento De Cordoba, Fundiciones Alsasua, Al Cantarillado.
2. Ayuntamiento De Cordoba, Alumbrado Publico.
3. Ayuntamiento De Cordoba, Alumbrado Publico.
4. Emacsa Cordoba.
5. Ayuntamiento De Cordoba, Al Cantarillado.
6. Servicio Municipal Aquas Potables Cordoba.

COTTBUS

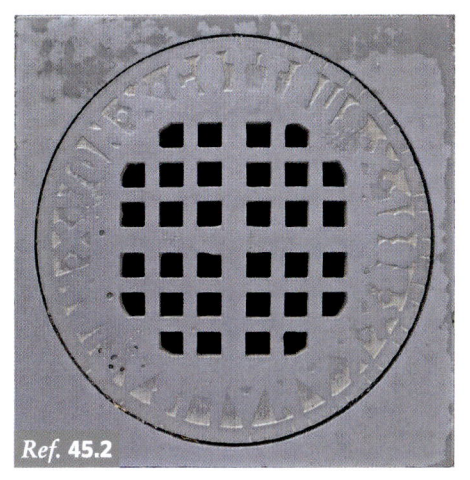

1. Kanalisation Cottbus 1897 Marienstraße.
2. Kanalisation Cottbus 1898, Marienstraße.
3. Kanalisation Cottbus 1899, Am Altmarkt.
4. Kanalisation Cottbus 1900, Am Busbahnhof.
5. Kanalisation Cottbus 1901, Mauerstraße.
6. Kanalisation Cottbus 1903, Schloßkirchstraße.

COTTBUS

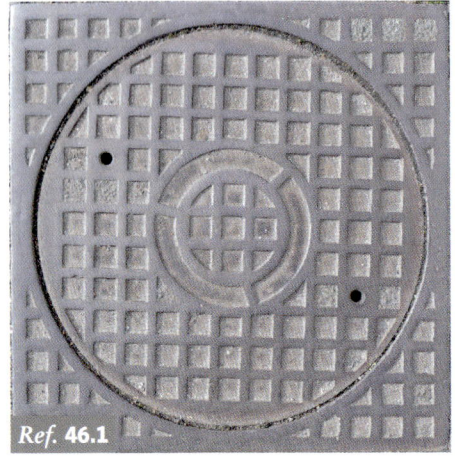

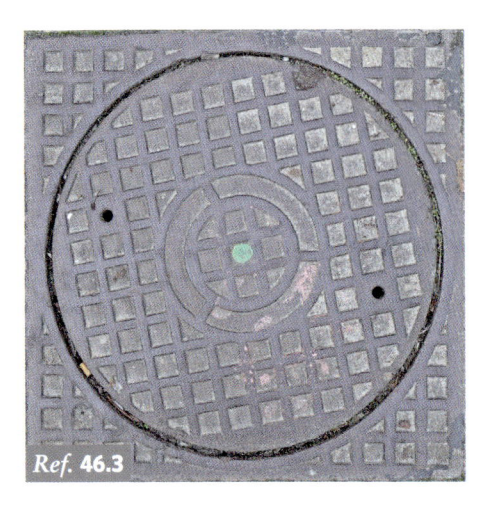

46

Ref. 46.1
Ref. 46.2
Ref. 46.3
Ref. 46.4
Ref. 46.5
Ref. 46.6
Ref. 46.7
Ref. 46.8
Ref. 46.9

1 Muster vor dem Kaufhaus.

2 Muster vor dem Kaufhaus.

3 Muster vor der Stadthalle Cottbus.

4 VEB Kanalguss Lugau, Auf dem Bahnsteig Cottbus.

5 VEB Kanalguss Lugau, Auf dem Bahnsteig Cottbus.

6 VEB Kanalguss Lugau, Auf dem Bahnsteig Cottbus.

7 Muster, Bürgerstraße.

8 Muster vor der Stadthalle Cottbus.

9 Muster, Bürgerstraße 12.

COTTBUS

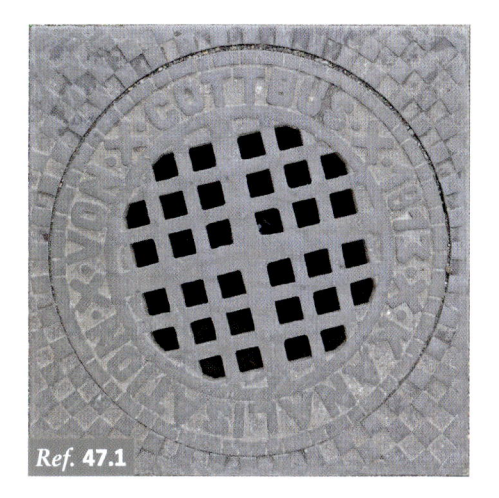

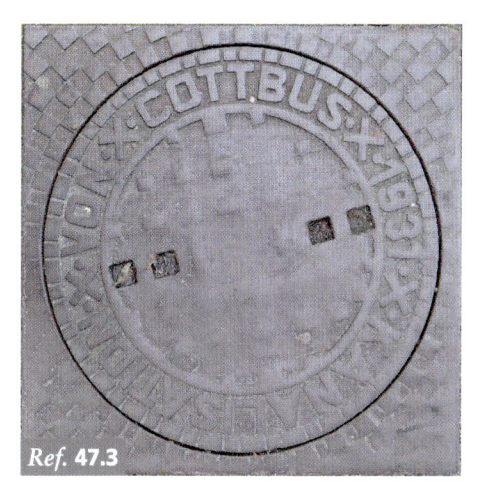

1 Kanalisation Cottbus 1913,
Am Altmarkt.

2 Kanalisation Cottbus 1927,
vor dem Weltspiegel.

3 Kanalisation Cottbus 1931,
Mühlenstraße.

4 Kanalisation Cottbus 1934,
Mauerstraße.

5 Vier Öffnungen, Mauerstraße.

6 TGL, Klosterstraße.

COUNTY KERRY (IRLAND) 48

1 Muster.

2 Hammond Lane FDY Co LTD Dublin 1932.

3 Cavanagh Foundry Birr 1984.

4 Shannon Foundry Limerick 1978.

5 Uisce (Wasser).

6 Dublin 1932.

Fotos: Michael Herrmann

CZERNOWITZ (UKRAINE)

1 Czernowitz nach 1919 rumänisch, Kalischer Cernauti.

2 Stadtmagistrat Czernowitz, vor 1914 KuK.

3 1940.

4 Cernowitz.

5 Czernowitz sowjetisch 1940, Aufschrift russisch, USSR Ukrainische Sowjetrepublik, Gießerei Verchnedneprowsk.

6 Kalischer Cernauti.

Fotos: Wolfgang Leyn

DESSAU

1 WAL DDR GM vor dem Rathaus.

2 Canal-Bau Dessau, Eisengiesserei, Antoinettenstraße.

3 Sehr alt.

4 Canal-Bau Dessau, Antoinettenstraße.

5 Canal-Bau Dessau, Kleiststraße.

6 Eisenhammer Dresdern, zerbrochen.

DESSAU

Ref. 51.1
Ref. 51.4
Ref. 51.7
Ref. 51.2
Ref. 51.5
Ref. 51.8
Ref. 51.3
Ref. 51.6
Ref. 51.9

1 Canal Bau Dessau mit Sternen, Kleiststraße 2.

2 Canal Bau Dessau Eisengiesserei, Ferdinand-von-Schill-Straße 12.

3 Canal Bau Dessau Eisengiesserei, Ferdinand-von-Schill-Straße 3.

4 Doppelter Lüftungsschlitzring mit Symbolen in allen vier Ecken.

5 H. Hoffmann.

6 MM TGL.

7 Canal Bau Dessau, Kleiststraße 14.

8 Canal Bau Dessau mit Sternen, Antoinettenstraße 1.

9 Canal Bau Dessau, Ferdinand-von-Schill-Straße 16.

DRESDEN

52

1	Kreutzstraße.
2	Am Hauptbahnhof.
3	12 Lüftungsschlitze, Kreutzstraße.
4	28 Lüftungsschlitze, Kreutzstraße.
5	Muster hinter dem Neustädter Bahnhof.
6	28 Lüftungsschlitze, auf dem Gelände der Technischen Universität.
7	14 Lüftungsschlitze, schmal, Schönbrunnstraße.
8	Holzdeckel.
9	Königsbrücker Straße 31.

DRESDEN

1 14 Lüftungsschlitze, abgewetzt,
Coswiger Straße.

2 Bischofsweg.

3 14 Lüftungsschlitze, abgewetzt,
Coswiger Straße.

4 Bischofsplatz.

5 Unter der Brücke am Bahnhof Dresden Neustadt.

6 Conradstraße.

7 14 Lüftungsschlitze und Serviceklappe,
Georg-Bähr-Straße.

8 Unter der Brücke Gutschmidstraße.

9 2 Lüftungsschlitze,
auf dem Gelände der Technischen Universität.

DRESDEN

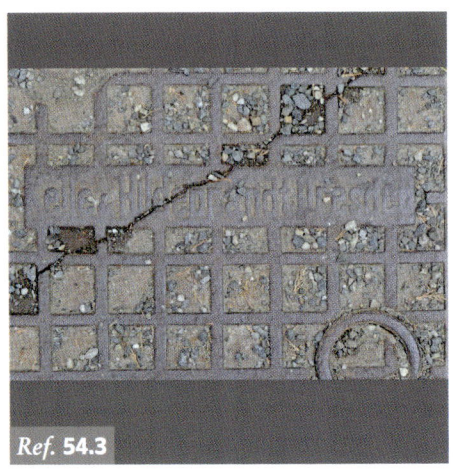

1 Kelle & Hildebrandt Dresden, auf dem Gelände der Technischen Universität.

2 Kelle & Hildebrandt Dresden, auf dem Gelände der Technischen Universität.

3 Kelle & Hildebrandt Dresden, auf dem Gelände der Technischen Universität.

4 Kelle & Hildebrandt Dresden, auf dem Gelände der Technischen Universität.

5 Auf dem Gelände der Technischen Universität.

6 Kelle & Hildebrandt Dresden, auf dem Gelände der Technischen Universität.

DRESDEN

1 28 Lüftungsschlitze unter einem Auto, auf dem Gelände der Technischen Universität.

2 14 Lüftungsschlitze, Mommsenstraße.

3 Kelle & Hildebrandt Dresden, auf dem Gelände der Technischen Universität.

4 14 Lüftungsschlitze, Helmholtzstraße.

5 Kelle & Hildebrandt Dresden, auf dem Gelände der Technischen Universität.

6 14 Lüftungsschlitze, auf dem Gelände der Technischen Universität.

DRESDEN

56

Ref. 56.1

Ref. 56.3

Ref. 56.4

Ref. 56.2

Ref. 56.5

Ref. 56.6

1 Vor dem Neustädter Bahnhof.

2 Holz komplett, unter der Brücke am Bahnhof Dresden Neustadt.

3 Holz komplett, unter der Brücke am Bahnhof Dresden Neustadt.

4 Münchner Straße.

5 Unter der Brücke am Bahnhof Dresden Neustadt.

6 Zeithainerstraße.

DRESDEN

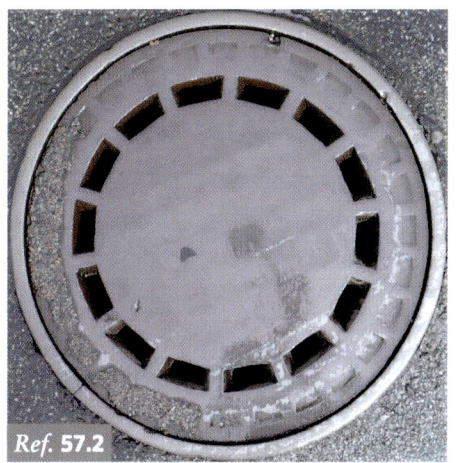

1 14 Lüftungsschlitze, Lisztstraße.

2 14 Lüftungsschlitze, Schönbrunnstraße.

3 14 Lüftungsschlitze, Mommsenstraße.

4 Unter Teer, Kelle & Hildebrandt Dresden, hinter dem Bahnhof Dresden Neustadt.

5 14 Lüftungsschlitze, schmal, Weinböhlaer Straße.

EISENACH

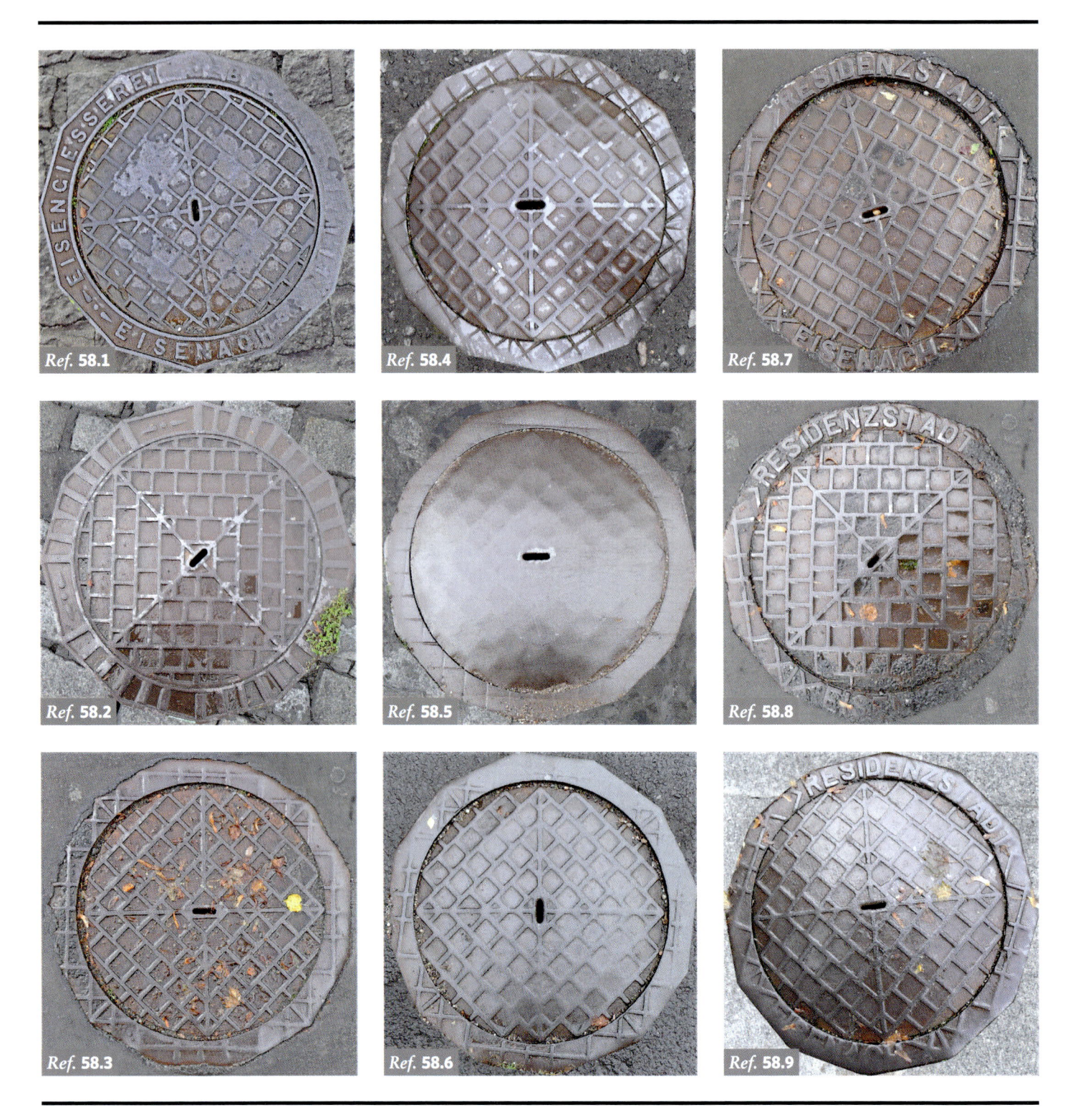

Ref. 58.1 *Ref. 58.4* *Ref. 58.7*

Ref. 58.2 *Ref. 58.5* *Ref. 58.8*

Ref. 58.3 *Ref. 58.6* *Ref. 58.9*

1 Eisenach Eisengiesserei Gebrüder Dommer.
2 Muster Eisenach.
3 Muster Eisenach.
4 Muster Eisenach.
5 Muster Eisenach.
6 Muster Eisenach.
7 Residenzstadt Eisenach.
8 Residenzstadt Eisenach.
9 Residenzstadt Eisenach.

EL HIERRO (SPANIEN)

1 Saneamiento.

2 Fabregas.

3 Saneamiento.

4 Ayuntamiento Al Cantarillado.

5 Stark verrostet.

6 Saneamiento.

ERFURT

Ref. 60.1	Ref. 60.4	Ref. 60.7
Ref. 60.2	Ref. 60.5	Ref. 60.8
Ref. 60.3	Ref. 60.6	Ref. 60.9

1 Vier Speichen.
2 Muster.
3 Muster.
4 Muster, auf dem Domgelände.
5 Muster, auf dem Domgelände.
6 Muster, auf dem Domgelände.
7 H. Sorge Vieselbach.
8 H. Sorge Vieselbach.
9 Muster.

ERFURT

Ref. 61.1

Ref. 61.3

Ref. 61.5

Ref. 61.2

Ref. 61.4

1 R. Trenck Erfurt.
2 R. Trenck Erfurt.
3 H. Sorge Vieselbach.
4 H. Sorge Vieselbach.
5 Hans Bohn Erfurt.

ERFURT

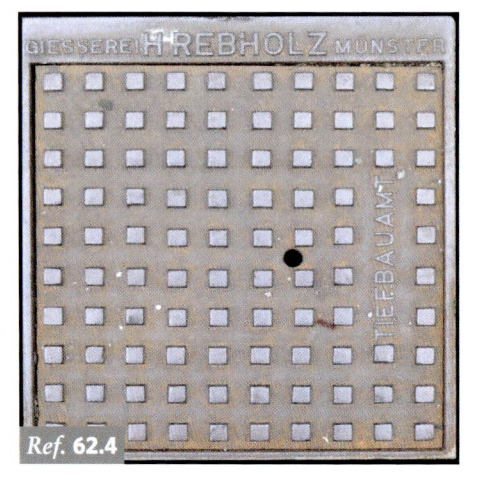

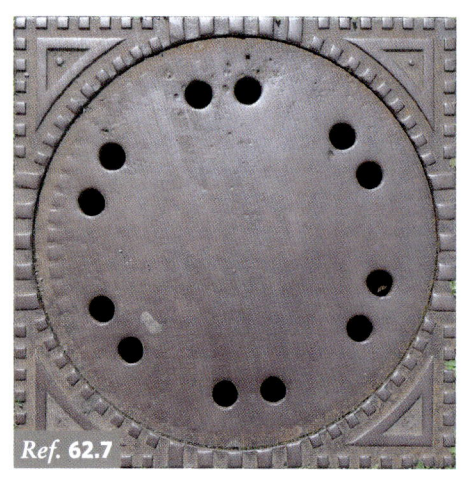

Ref. 62.1
Ref. 62.2
Ref. 62.3
Ref. 62.4
Ref. 62.5
Ref. 62.6
Ref. 62.7
Ref. 62.8
Ref. 62.9

1 Made in GDR an der Rathausbrücke.
2 Unterwellenborn, Richard-Eiling- Straße.
3 Made in GDR an der Rathausbrücke..
4 Giesserei H. Rebholz Münster Tiefbauamt.
5 Muster, Moritzstraße.
6 Giesserei H. Rebholz Münster Tiefbauamt.
7 Muster Erfurt.
8 Robert-Koch-Straße.
9 Muster.

ERKNER

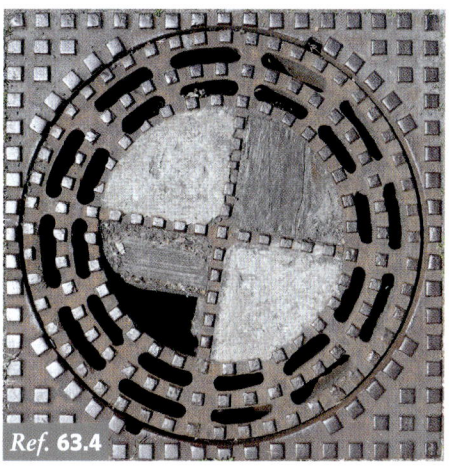

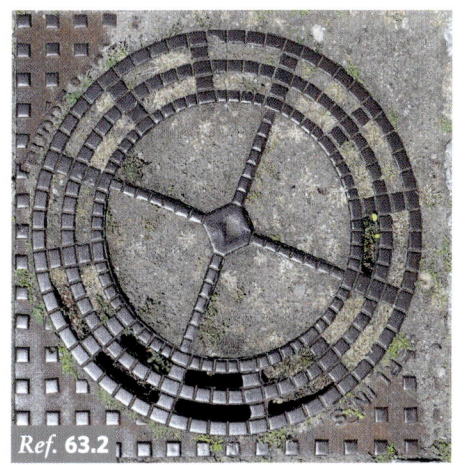

Ref. 63.1
Ref. 63.4
Ref. 63.6
Ref. 63.2
Ref. 63.3
Ref. 63.5

1 Reissig Bergk Unterwellenborn.

2 Budde & Goehde Berlin S., Doppelter Lüftungsschlitzring.

3 Reissig Bergk Unterwellenborn.

4 Mit Holzresten, Doppelter Lüftungsschlitzring.

5 Stark beschädigt, Robinienweg.

6 R in der Mitte, 8 Lüftungsschlitze.

ETRETAT (FRANKREICH)

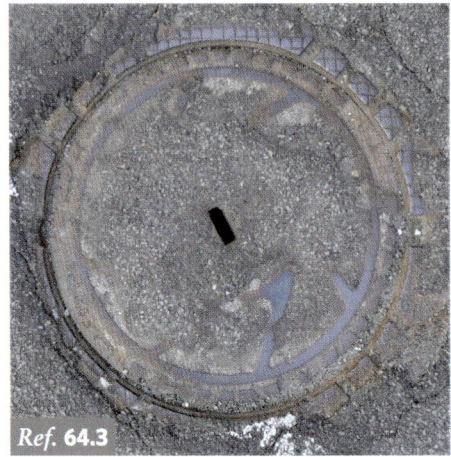

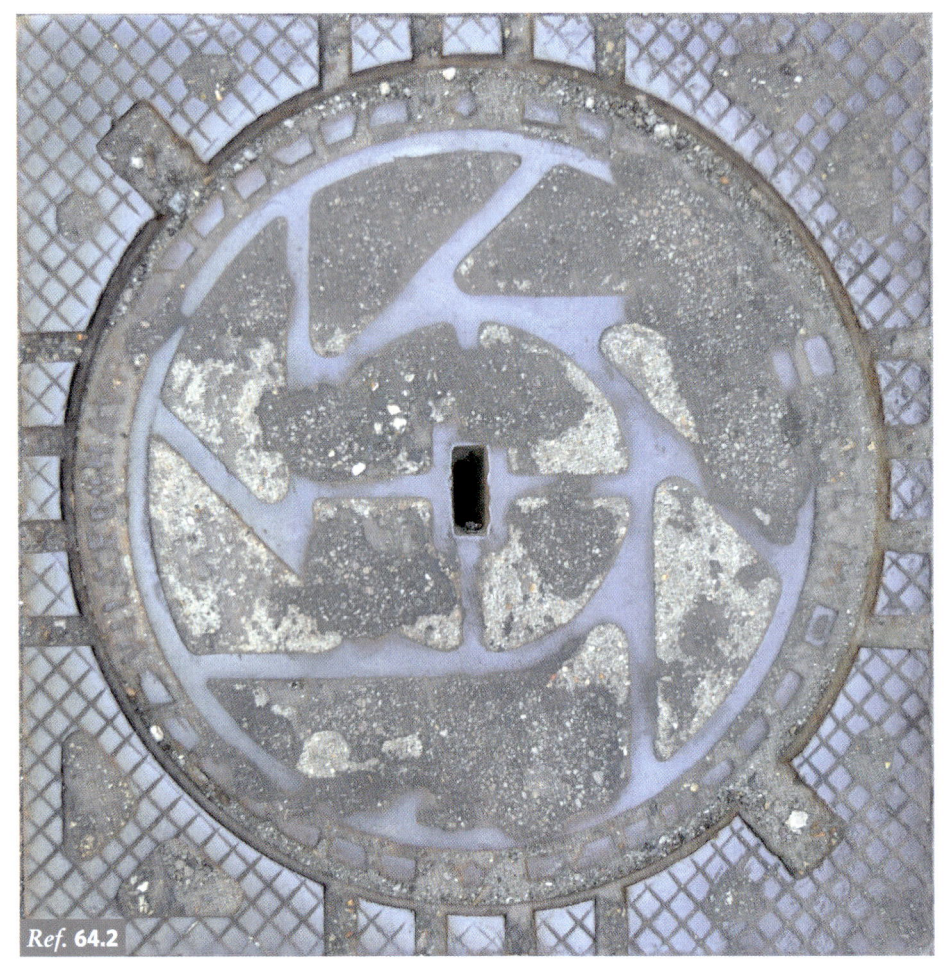

1. Fonderiers Du Val Ricard Bolbec.
2. Abgewetzt.
3. Abgewetzt.
4. Queruel Lorfeuvre Fondeur Flers.
5. Muster.
6. Fonderiers Du Val Ricard Bolbec.

FALKENBERG / ELSTER

Ref. 65.1
Ref. 65.4
Ref. 65.6
Ref. 65.2
Ref. 65.3
Ref. 65.5

1. Francke-Werke A-G. Bremen, Friedrichstrasse.
2. Francke-Werke A-G. Bremen, Friedrichstrasse.
3. Francke-Werke A-G. Bremen, Friedrichstrasse.
4. Francke-Werke A-G. Bremen, Walther-Rathenau-Strasse.
5. Francke-Werke A-G. Bremen, Friedrichstrasse.
6. Francke-Werke A-G. Bremen, Walther-Rathenau-Strasse.

FALKENBERG / ELSTER

66

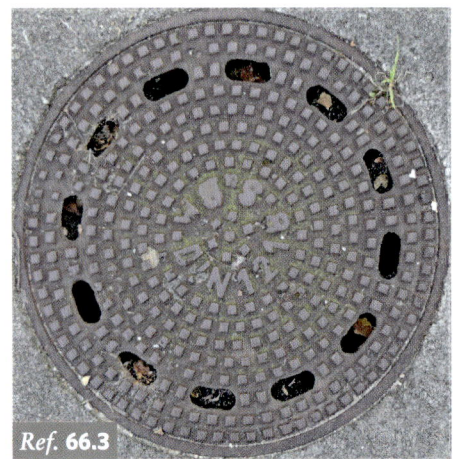

Ref. 66.1

Ref. 66.3

Ref. 66.4

Ref. 66.2

Ref. 66.5

Ref. 66.6

1 Muster am Bahnhof.

2 Muster auf dem Bahnsteig.

3 DIN 1218, Bahnhofstraße.

4 Made in GDR 95, Bahnhofstraße.

5 Muster auf dem Bahnsteig.

6 TGL am Bahnhof.

FIGUERES (SPANIEN)

1. Algües Fundiciones Olotenses S.A.
2. Sanejament Ajuntament Figueres,
3. Fundicion Fabregas Gualana,
4. Saneamiento.
5. Incendis.
6. Sanejament Ajuntament Figueres.
7. Servei D Algues Algua Figueres.
8. Servei D Algues Incendis Figueres.
9. Sanejament Figueres.

FIGUERES (SPANIEN)

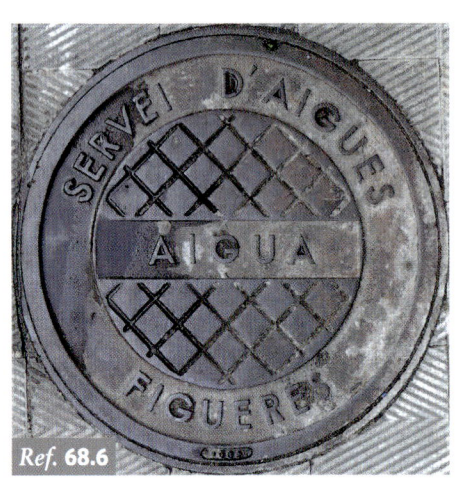

1 Muster.
2 Sanejament Figueres.
3 Sanejament Figueres.
4 Sanejament Fundicion Fita 8A.
5 Servei D Algues Incendis Figueres.
6 Servei D Algues Algua Figueres.
7 Sanejament Ajuntament Figueres.
8 Hidro Emporda.
9 Igualada Fundicion Fabregas.

FINSTERWALDE

1. Made in GDR, Gütezeichen 1 Q.
2. Made in GDR, Gütezeichen 1 Q.
3. Made in GDR.
4. Alte Abdeckklappe am Markt.
5. Abdeckung Barth Ludwigsburg.
6. Abdeckung G. W. Barth Ludwigsburg.

FRANKFURT / ODER

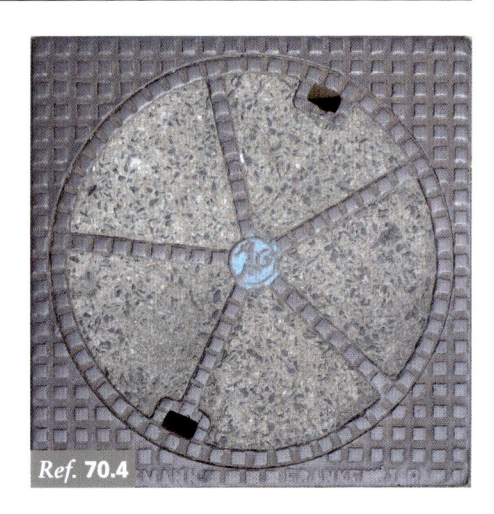

1 Vier Speichen, mit Steinen ausgefüllt, Heilbronner Straße.

2 Holz zerbrochen, Klingestraße.

3 Garmin & Neumann Frankfurt / O, Fünf Speichen, mit Steinen ausgefüllt, Karl-Marx-Straße.

4 Fünf Speichen, Oderstraße

5 Fünf Speichen, Scharnstraße.

FRANKFURT / ODER

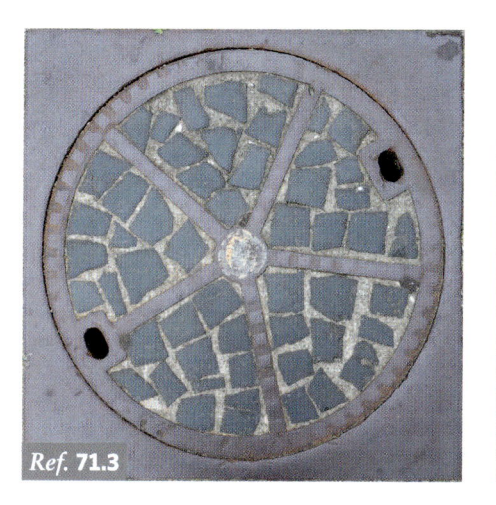

Ref. 71.1

Ref. 71.4

Ref. 71.6

Ref. 71.2

Ref. 71.3

Ref. 71.5

1 Fünf Speichen, R in allen vier Ecken mit Steinen ausgefüllt, Carl-Philipp-Emanuel-Bach-Straße.

2 Fünf Speichen, R in allen vier Ecken, beschädigt, Oderstraße.

3 Fünf Speichen, mit Steinen ausgefüllt, Scharnstraße.

4 Fünf Speichen, mit Steinen ausgefüllt, Carl-Philipp-Emanuel-Bach-Straße.

5 - - - & Hoffmann Frankfurt a. O., mit Holz ausgefüllt, Heilbronner Straße.

6 Fünf Speichen, mit Steinen ausgefüllt, abgewetzt, Scharnstraße.

FRANKFURT / ODER

1 Fünf Speichen, mit Steinen ausgefüllt, Promenadengasse.

2 Fünf Speichen, mit Beton ausgefüllt, Promenadengasse.

3 Garmin & Neumann Frankfurt / O, Fünf Speichen, mit Steinen ausgefüllt, Karl-Marx-Straße.

4 Fünf Speichen, S in allen vier Ecken, mit Steinen ausgefüllt, Sophienweg.

5 Fünf Speichen, mit Steinen ausgefüllt.

6 Fünf Speichen, mit Steinen ausgefüllt.

7 Stark zerstört, Bischofstraße.

8 Fünf Speichen.

9 Made in GDR mit Teer bekleckert.

FRANKFURT / ODER

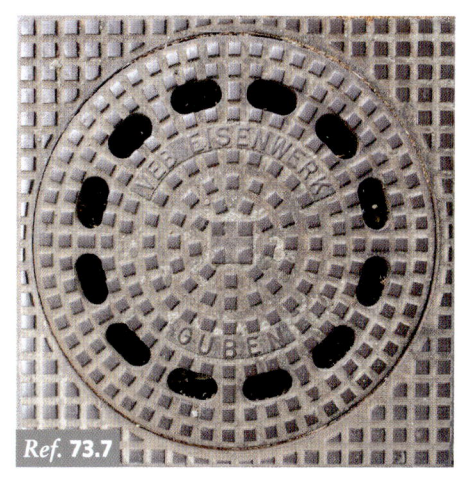

Ref. 73.1	Ref. 73.4	Ref. 73.7
Ref. 73.2	Ref. 73.5	Ref. 73.8
Ref. 73.3	Ref. 73.6	Ref. 73.9

1 Muster, Baronsteig.

2 Muster, Baronsteig.

3 Muster, Karl-Sobowski-Straße.

4 Muster, Slubicer Straße.

5 Muster, Slubicer Straße.

6 Muster mit S in der Mitte, Wieckestraße.

7 VEB Eisenwerk Guben, Karl-Marx-Straße.

8 Doppelter Lüftungsschlitzring, Karl-Marx-Straße.

9 VEB Eisenwerk Guben, Karl-Marx-Straße.

FREYBURG

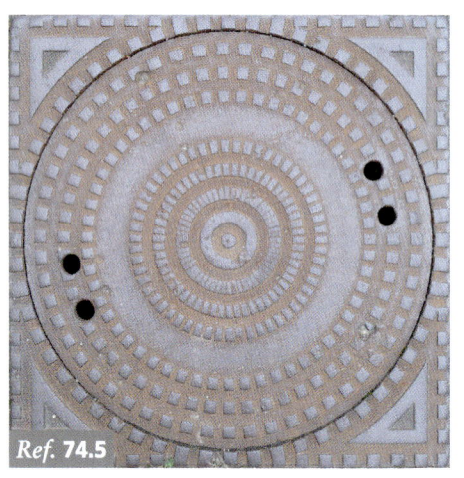

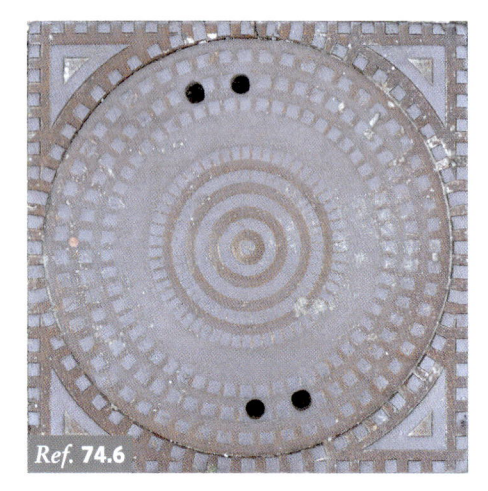

Ref. **74.1**

Ref. **74.3**

Ref. **74.4**

Ref. **74.2**

Ref. **74.5**

Ref. **74.6**

1. Modell Röttinger, Symbole in den Ecken.
2. Modell Röttinger, Symbole in den Ecken, stark zerstört.
3. Modell Röttinger, Symbole in den Ecken.
4. Modell Röttinger, Symbole in den Ecken, stark zerstört.
5. Symbole in den Ecken.
6. Symbole in den Ecken.

FÜRSTENWALDE

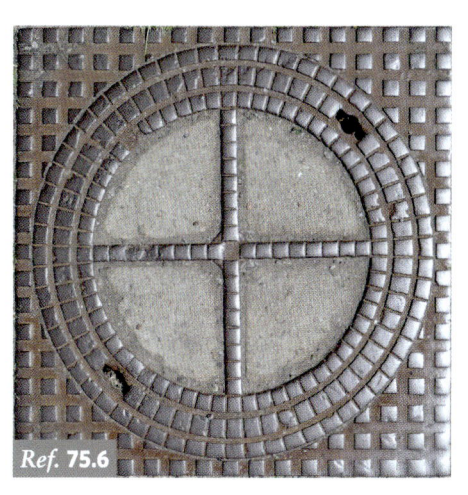

Ref. 75.1
Ref. 75.2
Ref. 75.3
Ref. 75.4
Ref. 75.5
Ref. 75.6
Ref. 75.7

1. Bögner & Herzberg Berlin S.W.
2. Bögner & Herzberg Berlin S.W.
3. Ohne Schrift.
4. Reissig Bergk Unterwellenborn.
5. Gitter.
6. Ohne Schrift.
7. Bögner & Herzberg Berlin SW.

FÜRSTENWALDE

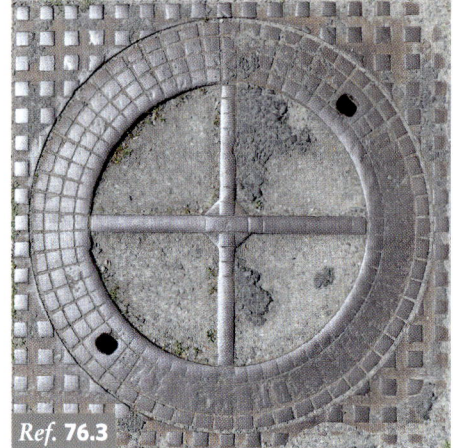

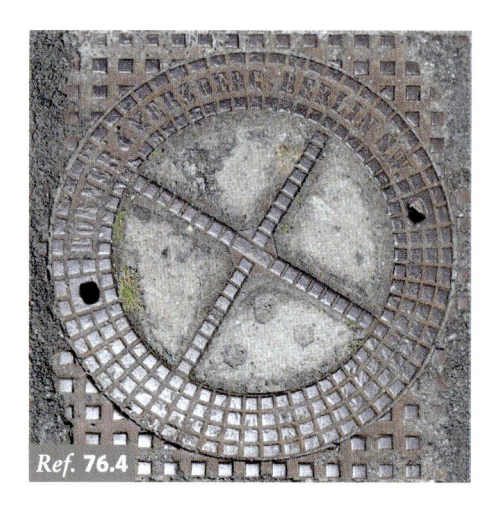

Ref. 76.1 *Ref. 76.3* *Ref. 76.4*
Ref. 76.2 *Ref. 76.5* *Ref. 76.6*

1 Bögner & Herzberg Berlin SW.
2 Bögner & Herzberg Berlin SW.
3 Bögner & Herzberg Berlin SW.
4 Bögner & Herzberg Berlin SW.
5 Bögner & Herzberg Berlin SW.
6 Bögner & Herzberg Berlin SW.

FÜRTH

Ref. 77.1
Ref. 77.4
Ref. 77.6
Ref. 77.2
Ref. 77.3
Ref. 77.5

1 Bäumenstraße.

2 Turban, Schachtdeckel, Bäumenstraße.

3 In der Fürther Freiheit.

4 In der Fürther Freiheit.

5 Beschädigt, Waagestraße.

6 Schachtdeckel Ahlmann Carlshütte KG Rendsberg.

GENTHIN

1. Stadt Genthin, sechs Speichen, Feldstraße.
2. Muster mit Scharnier Mittelstraße.
3. Stadt Genthin, sechs Speichen, Hagenstraße.
4. VEB Eisenhammerwerk zerbrochen vor dem Bahnhof.
5. Stadt Genthin, sechs Speichen, Markstraße.
6. Stadt Genthin, sechs Speichen, Mittelstraße.

GENTHIN

Ref. 79.1

Ref. 79.4

Ref. 79.6

Ref. 79.2

Ref. 79.3

Ref. 79.5

1. Stadt Genthin, sechs Speichen.

2. Made in GDR, 80, Hagenstraße.

3. Made in GDR, 86, vor dem Bahnhof.

4. Stadt Genthin, sechs Speichen, Mittelstraße.

5. Stadt Genthin, sechs Speichen, Straße der OdF.

6. Stadt Genthin, sechs Speichen, Markstraße.

GERA

80

Ref. 80.1

Ref. 80.3

Ref. 80.4

Ref. 80.2

Ref. 80.5

Ref. 80.6

1 Muster vor dem Sächsischen Bahnhof.

2 K.

3 Muster vor dem Sächsischen Bahnhof.

4 Muster vor dem Südbahnhof.

5 Muster vor der Stadtkirche.

6 Florian-Geyer-Straße.

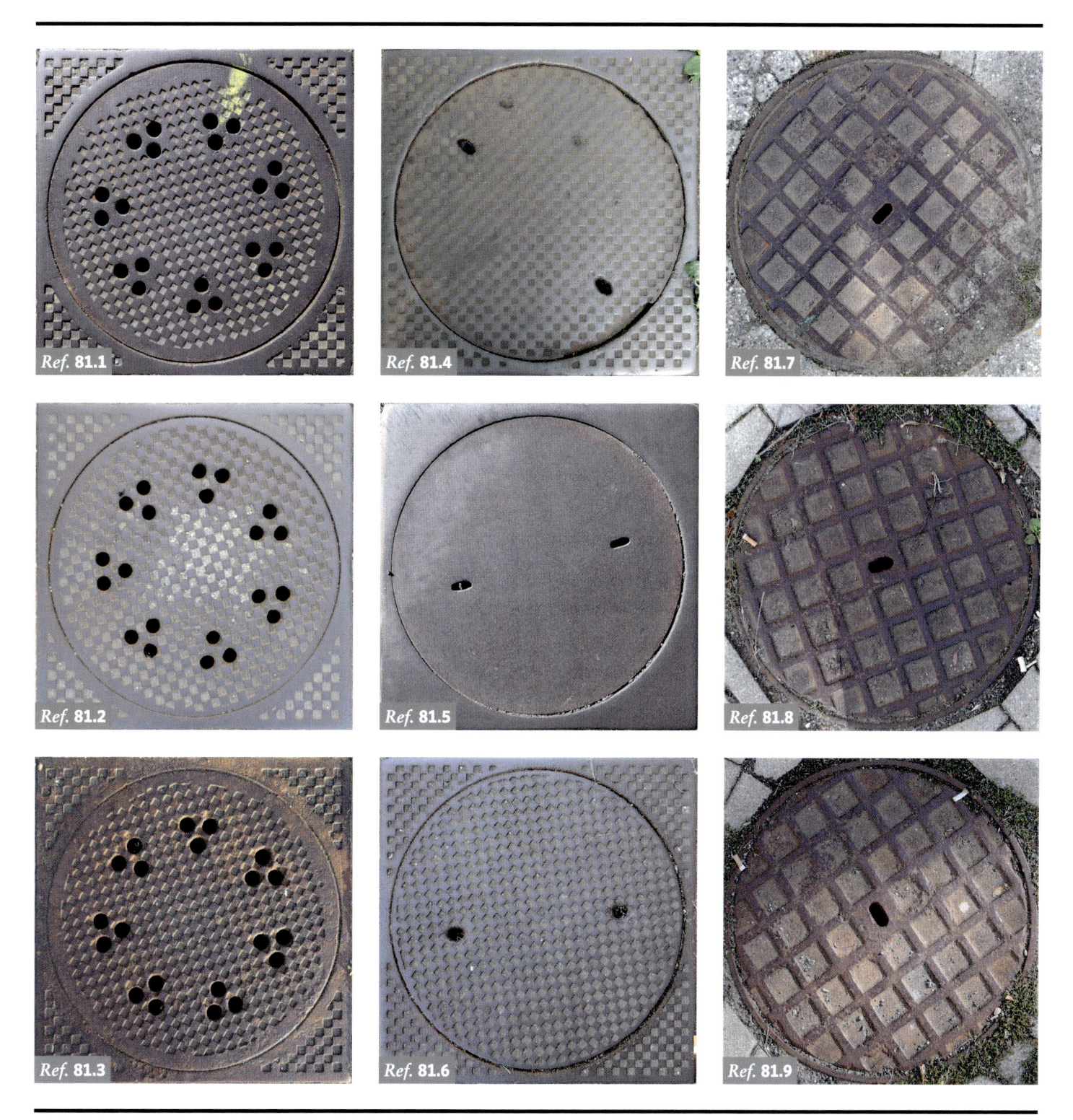

1 18 Lüftungsöffnungen, Florian-Geyer-Straße 3.

2 18 Lüftungsöffnungen, Georg-Büchner-Straße 11.

3 18 Lüftungsöffnungen, Am Furpark 1.

4 Zwei Lüftungsöffnungen, Schmelzhüttenstraße 16.

5 Zwei Lüftungsöffnungen, abgewetzt, Am Stadtgraben.

6 Zwei Lüftungsöffnungen, Schülerstraße.

7 Gittermuster, Friedrich-Engels-Straße 1.

8 Gittermuster, Friedrich-Engels-Straße 4.

9 Gittermuster, Friedrich-Engels-Straße 7.

GERA

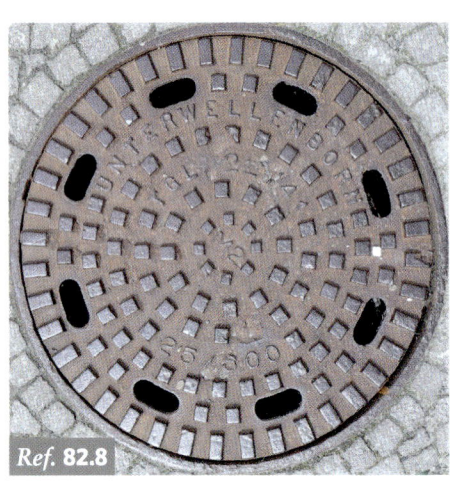

Ref. 82.1
Ref. 82.2
Ref. 82.3
Ref. 82.4
Ref. 82.5
Ref. 82.6
Ref. 82.7
Ref. 82.8
Ref. 82.9

1 Gittermuster, Schülerstraße 8.

2 Florian-Geyer-Straße.

3 Gittermuster, Schülerstraße 11.

4 Walther Nachf. Lugau
Heinrich-Heine-Straße 1.

5 Florian-Geyer-Straße.

6 Unleserliche Schrift,
vor dem Sächsischen Bahnhof.

7 VEB Eissengiesserei Unterwellenborn,
Amthorstraße.

8 Unterwellenborn Clara-Zetkin-Straße.

9 VEB Draweba Neustadt, Steinweg.

GIBRALTAR (GROSSBRITANNIEN)

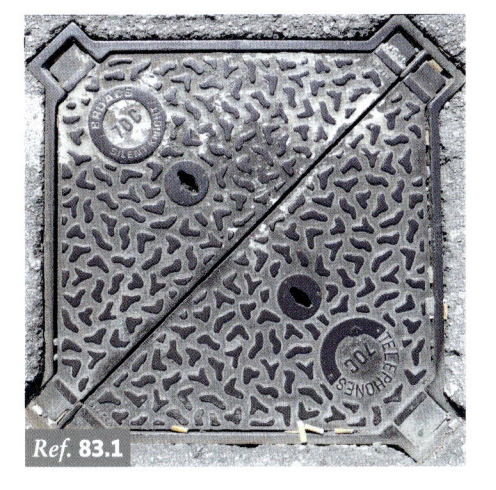

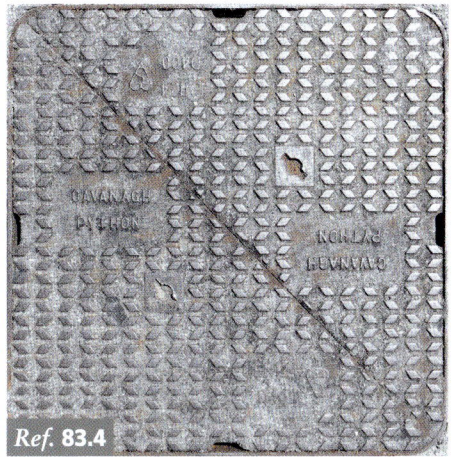

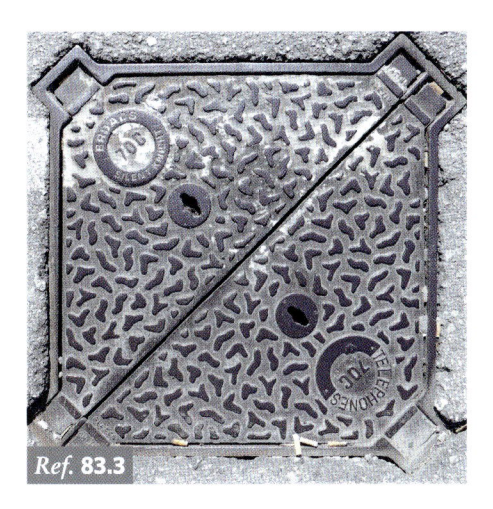

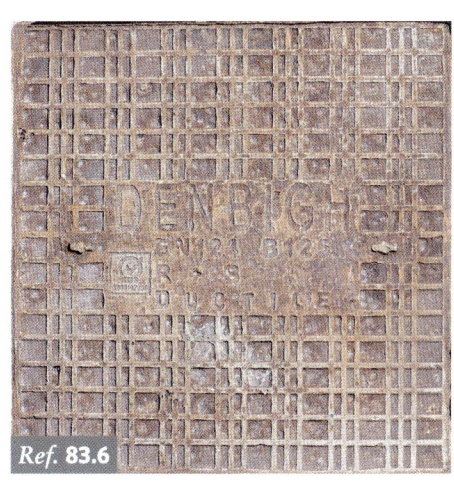

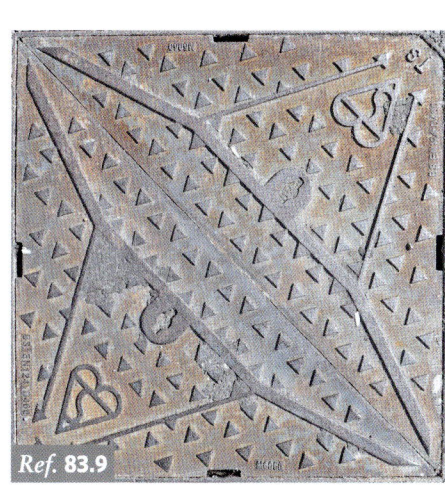

Ref. 83.1 *Ref. 83.4* *Ref. 83.7*
Ref. 83.2 *Ref. 83.5* *Ref. 83.8*
Ref. 83.3 *Ref. 83.6* *Ref. 83.9*

1 Broads 70C Silent Knight.

2 Broads 70C Silent Knight.

3 Broads 70C Silent Knight.

4 Cavanagh Python.

5 Clark Drain.

6 Denbigh.

7 Durey Castings.

8 Muster.

9 BR.

GIRONA (SPANIEN)

84

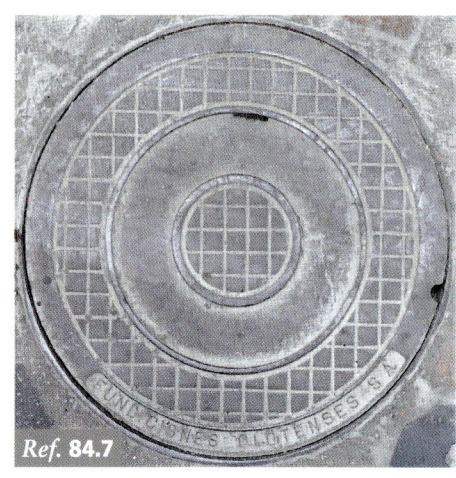

Ref. 84.1 *Ref. 84.4* *Ref. 84.7*
Ref. 84.2 *Ref. 84.5* *Ref. 84.8*
Ref. 84.3 *Ref. 84.6* *Ref. 84.9*

1 Saneamiento Girona.

2 Fundiciones Abadu Duero.

3 Algua.

4 Fundicion Fabregas Igualada.

5 Algua.

6 Incendis.

7 Fundiciones Olotenses S.A.

8 Saneamiento Girona.

9 Fudiciones Olotenses S.A.

GIRONA (SPANIEN)

1 Sanejament.
2 Sanejament.
3 Clavegueram.
4 Saneamiento Girona.
5 Clavegueram.
6 Fundiciones Olotenses S.A.

GODSHILL ISLE OF WIGHT (GROSSBRITANNIEN) 86

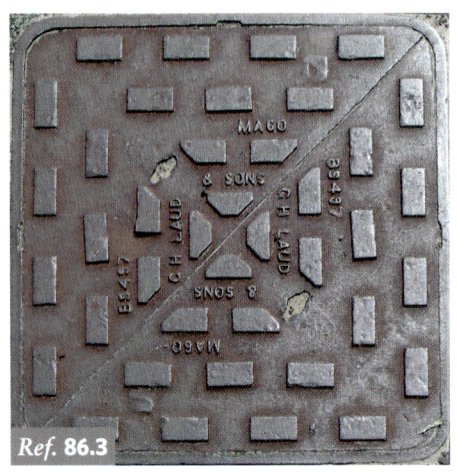

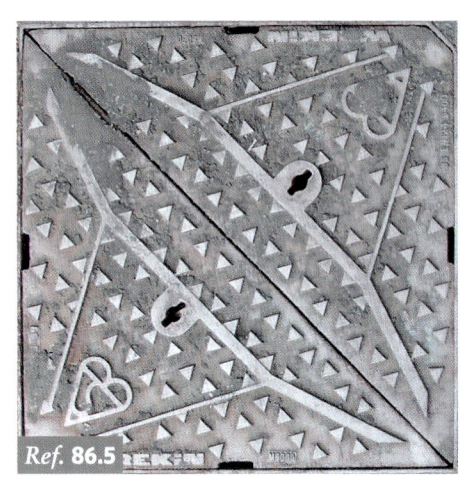

Ref. 86.1

Ref. 86.3

Ref. 86.4

Ref. 86.2

Ref. 86.5

Ref. 86.6

1. Brickhouse Dudley LTD.
2. Stanton 600 Saracen.
3. Mago & Sons.
4. Muster.
5. Wrekin.
6. Peter Savage.

GOSLAR

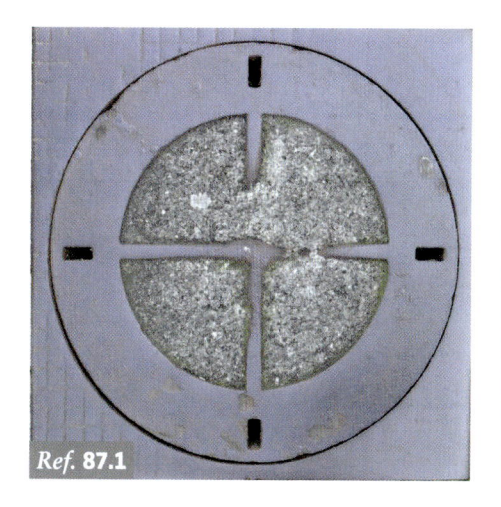

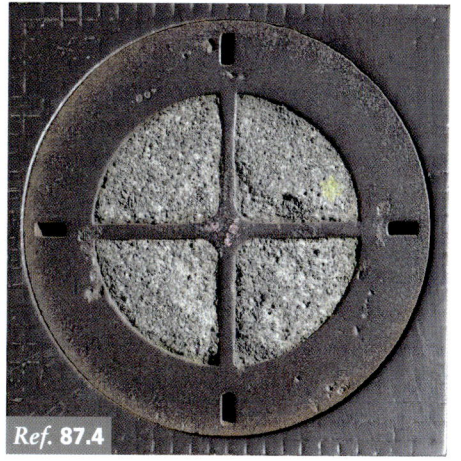

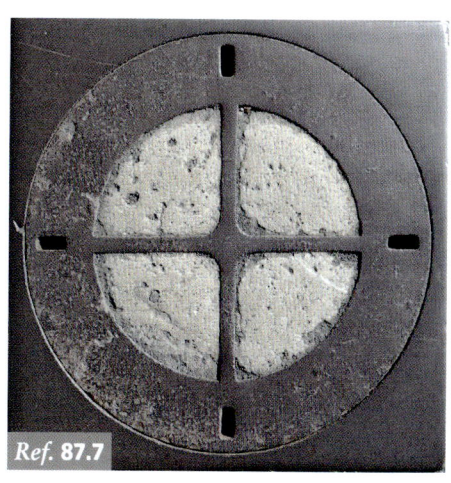

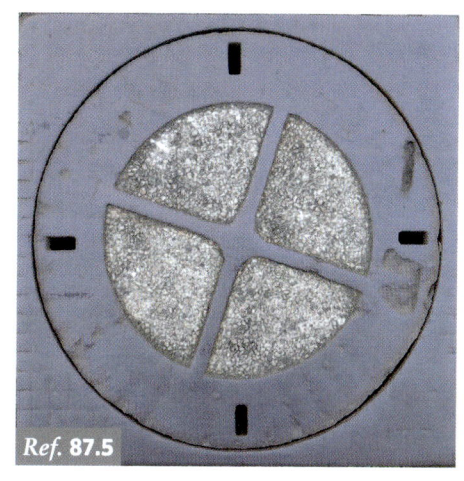

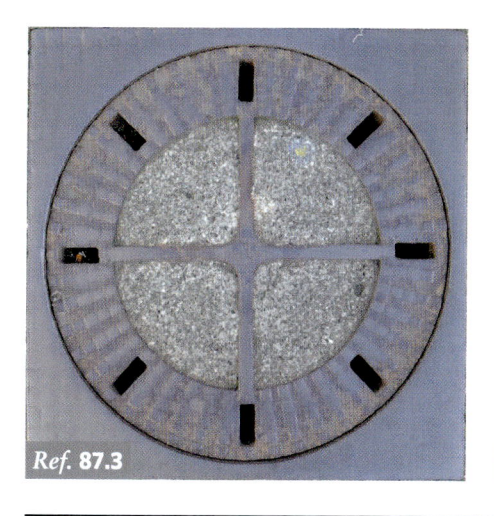

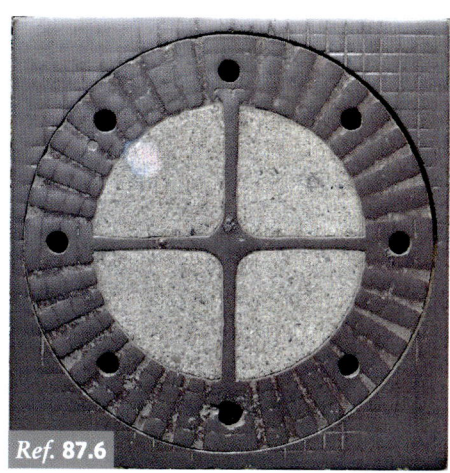

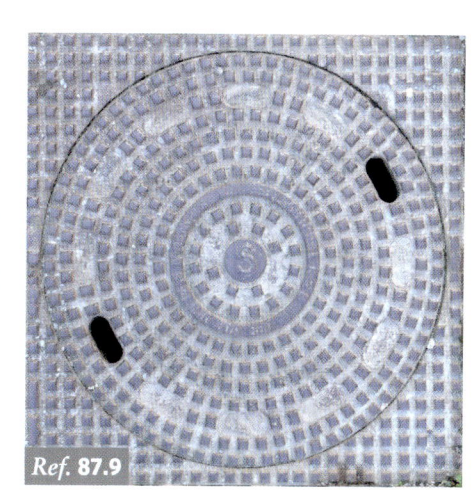

1. Vier Speichen, mit Beton verfüllt, vier Lüftungsöffnungen.
2. Doppelter Lüftungsschlitzring, mit Beton verfüllt.
3. Vier Speichen, mit Beton verfüllt, acht Lüftungsöffnungen.
4. Vier Speichen, mit Beton verfüllt, vier Lüftungsöffnungen.
5. Vier Speichen, mit Beton verfüllt, vier Lüftungsöffnungen.
6. Vier Speichen, mit Beton verfüllt, acht Lüftungsöffnungen.
7. Vier Speichen, mit Beton verfüllt, vier Lüftungsöffnungen.
8. Stadt Goslar RS.
9. S in der Mitte.

GOSLAR

88

Ref. 88.1
Ref. 88.3
Ref. 88.4
Ref. 88.2
Ref. 88.5
Ref. 88.6

1 Vier Speichen, vier Lüftungsöffnungen.

2 Stadt Goslar,
vier Speichen, vier Lüftungsöffnungen.

3 Vier Speichen, vier Lüftungsöffnungen.

4 Vier Speichen, vier Lüftungsöffnungen.

5 Stadt Goslar GS.

6 Stadt Goslar GS.

GOTHA

Ref. 89.1
Ref. 89.4
Ref. 89.6
Ref. 89.2
Ref. 89.3
Ref. 89.5

1 Schönes Muster.
2 Halberghütte (Schrift unten im Rand).
3 Schönes Muster.
4 C. Kuhn Stuttgart Berg.
5 Schönes Muster.
6 C. Kuhn Stuttgart Berg.

GRANADA (SPANIEN)

1 Alhambra Boca de Riego Incendios.

2 A.

3 Alhambra Boca de Riego Incendios.

4 Ayuntamiento de Granada.

5 Riegos de La Alhambra.

6 Ayuntamiento de Granada.

7 Emasagra SA Granada.

8 Emasagra SA Granada Saneamiento.

9 Emasagra SA Granada Saneamiento.

GRANADA (SPANIEN)

1 Emasagra SA Aquas Granada Saneamiento.

2 Incendios.

3 Muster.

4 Patronas de La Alhambra..

5 Verschraubt.

6 Alhambra Boca de Riego Incendios.

GUBEN

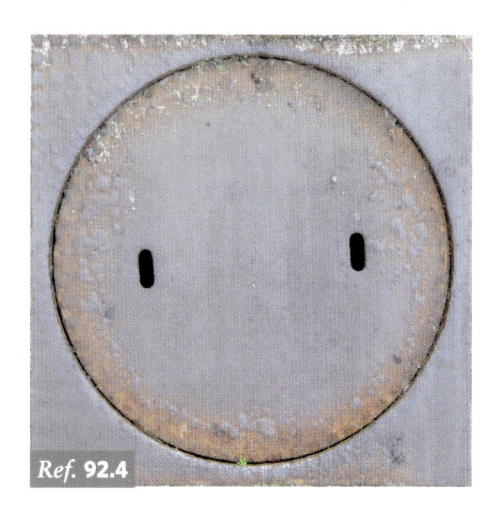

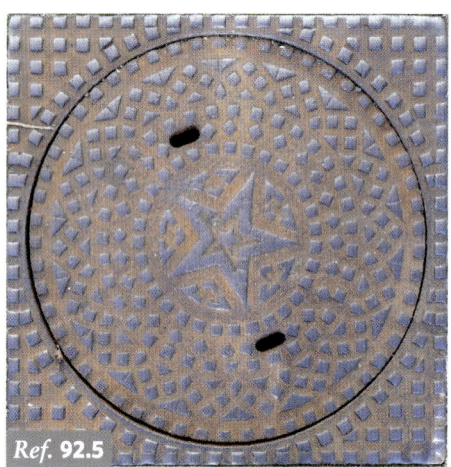

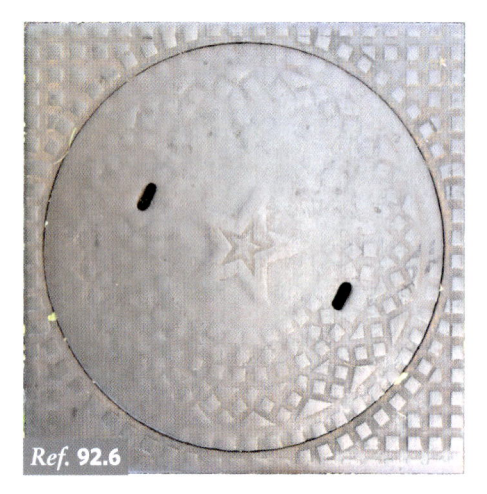

92

Ref. 92.1

Ref. 92.3

Ref. 92.4

Ref. 92.2

Ref. 92.5

Ref. 92.6

1 Abgewetzt, Alte Poststraße.

2 Wilhelm Quade Guben.

3 Abgewetzt, Bahnhofstraße.

4 Abgewetzt, Bahnhofstraße.

5 Stern groß, Stern klein, Bahnhofstraße.

6 Stern groß, Stern klein, Berlinerstraße.

GUBEN

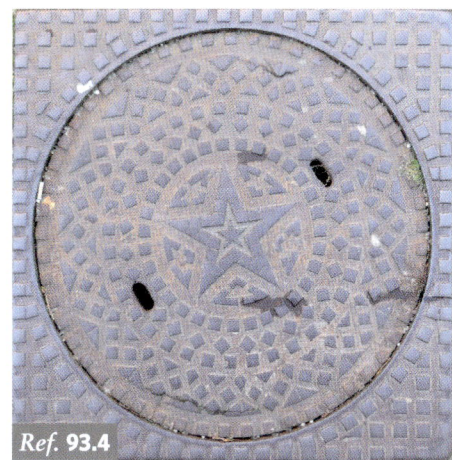

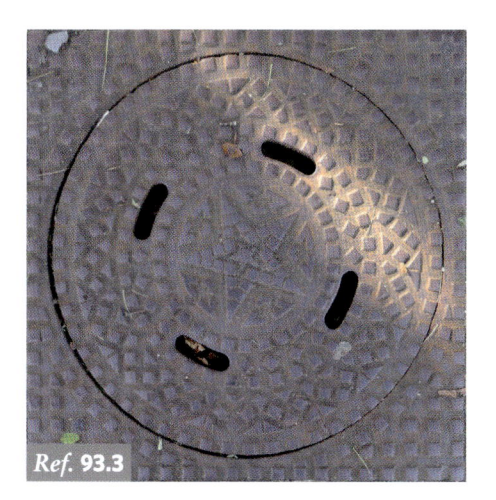

1. Stern groß, Stern klein, Alte Kirchstraße.
2. Stern groß, Stern klein, Bahnhofstraße.
3. Stern groß, Stern klein, Berliner Straße.
4. Stern groß, Stern klein, Berliner Straße.
5. Made in GDR, Auf dem Bahnhof.
6. TGL, Bahnhofstraße.

GUBIN (POLEN)

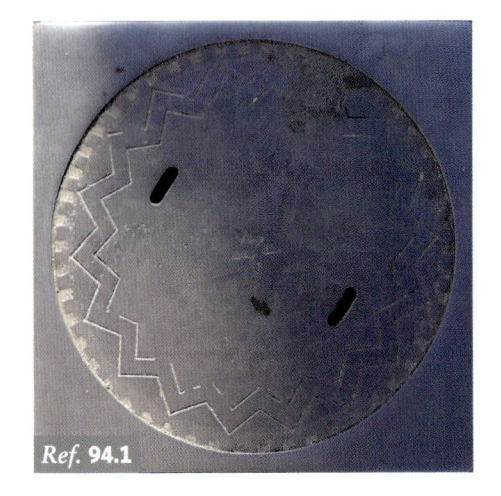

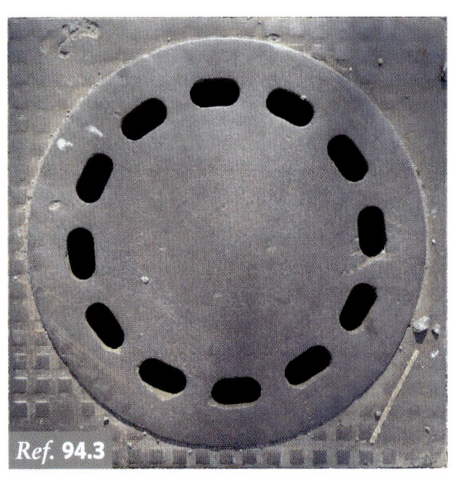

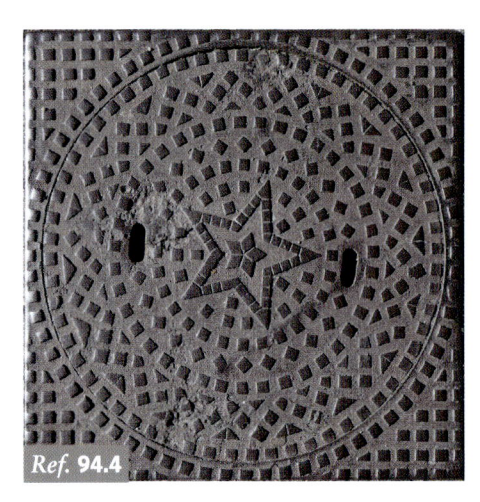

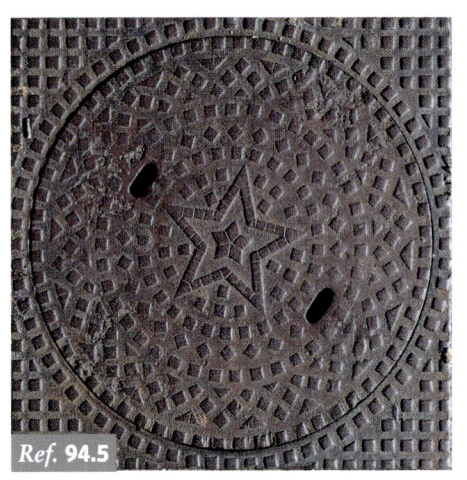

1 Abgewetzt, Zygmunta Starego.

2 Wilh. Köhler DIN 1218.

3 Abgewetzt.

4 Stern groß, Stern klein.

5 Stern groß, Stern klein.

6 Stern groß, Symbol.

GUBIN (POLEN)

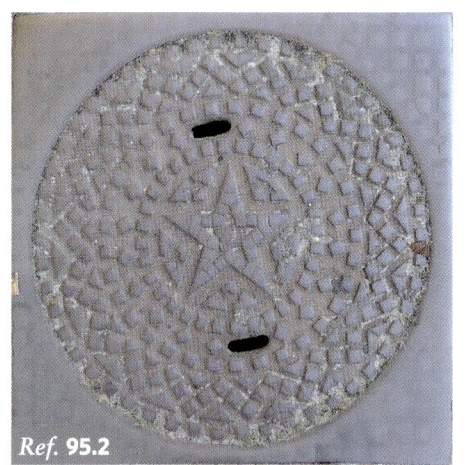

Ref. 95.1
Ref. 95.4
Ref. 95.6
Ref. 95.2
Ref. 95.3
Ref. 95.5

1 Stern groß, Symbol.
2 Stern groß, Symbol.
3 Stern groß, Stern klein, vor dem Dom.
4 Stern zerbrochen.
5 K, Zygmunta Starego.
6 Stern groß, Stern klein, Zygmunta Starego.

HALBERSTADT

1 S in der Mitte, rund.

2 Eisenwerk Groeditz.

3 Gullyabdeckung.

4 Gullyabdeckung.

5 Holzdeckel im Jüdischen Museum.

6 Schachtabdeckung.

HALLE / SAALE

Ref. 97.1
Ref. 97.2
Ref. 97.3
Ref. 97.4
Ref. 97.5
Ref. 97.6

1 1883.

2 1889.

3 An der Moritzkirche.

4 Halle 1885 - Zimmermann & Co, Universitätsring.

5 1881, vor dem jüdischen Waisenhaus.

6 Kanalbau Halle 1888.

HALLE / SAALE

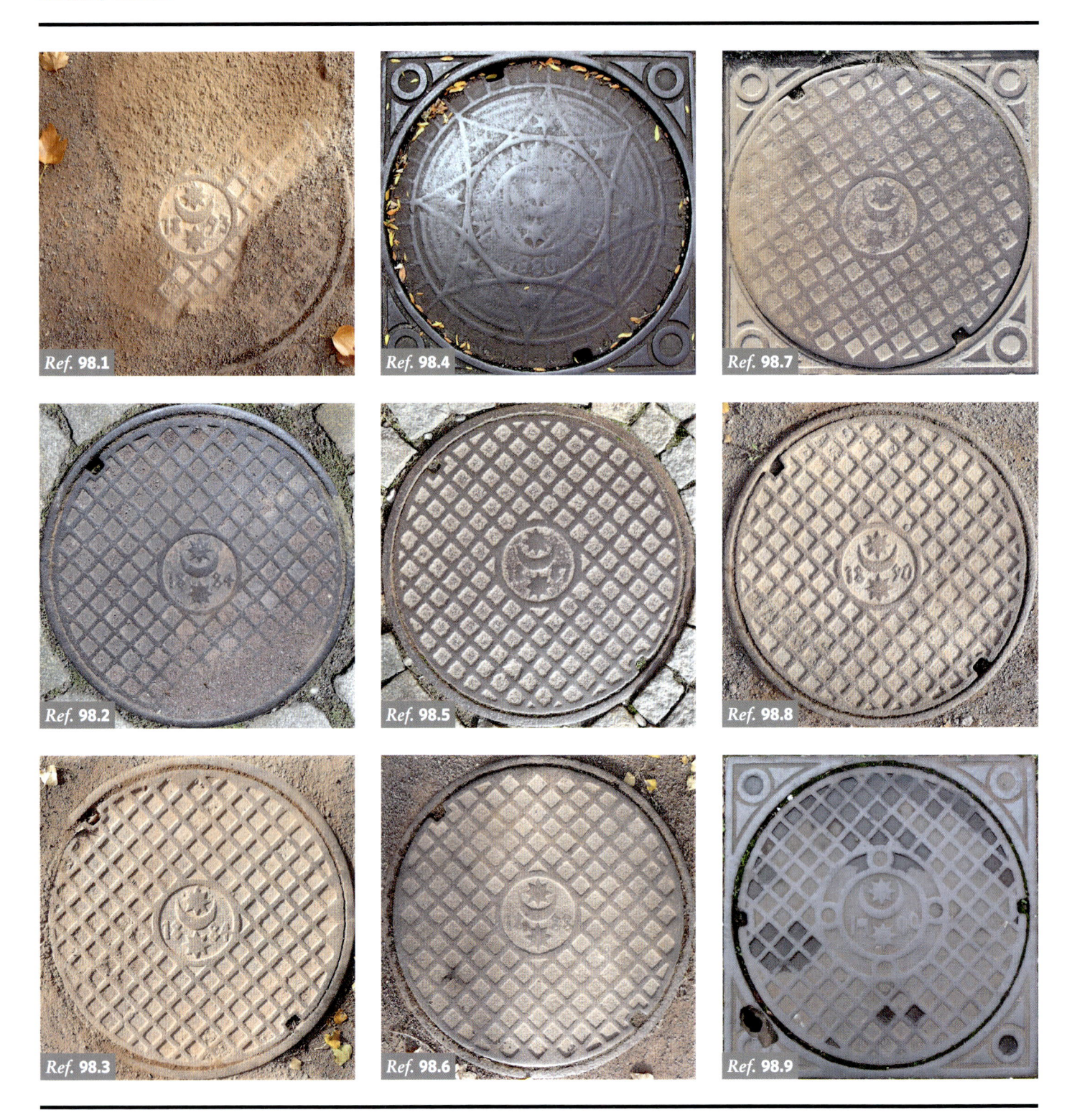

1 1883 auf dem Gertraudenfriedhof Halle.

2 1884 auf dem Gertraudenfriedhof Halle.

3 1884 auf dem Gertraudenfriedhof Halle.

4 1886 auf dem Gertraudenfriedhof Halle.

5 1887 auf dem Gertraudenfriedhof Halle.

6 1888 auf dem Gertraudenfriedhof Halle.

7 1888 in der DessauerStraße 200.

8 1890 auf dem Gertraudenfriedhof Halle.

9 1900 am Schülershof.

HALLE / SAALE

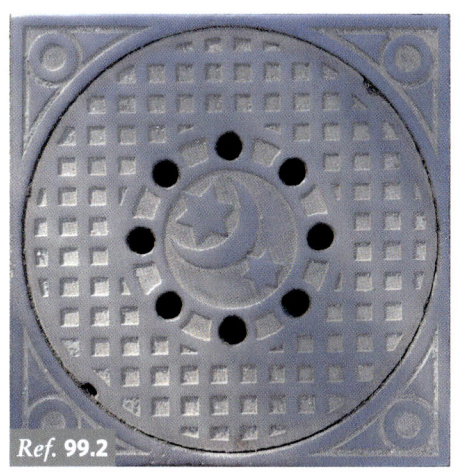

Ref. 99.1
Ref. 99.2
Ref. 99.3
Ref. 99.4
Ref. 99.5
Ref. 99.6
Ref. 99.7
Ref. 99.8
Ref. 99.9

1 1901 an der Adam-Kuckhoff-Straße.

2 Altes Wappen, Adam-Kuckhoff-Straße.

3 Altes Wappen, Adam-Kuckhoff Straße.

4 Am Steintor.

5 Wappen quadratisch.

6 Luisenstraße.

7 Gem. Giebichenstein, auf dem Gertraudenfriedhof Halle.

8 Gem. Giebichenstein, auf dem Gertraudenfriedhof Halle.

9 Gem. Giebichenstein, auf dem Gertraudenfriedhof Halle.

HALLE / SAALE

100

Ref.100.1
Ref.100.2
Ref.100.3
Ref.100.4
Ref.100.5
Ref.100.6
Ref.100.7
Ref.100.8
Ref.100.9

1 Wappen.

2 Abgewetzt, DessauerStraße 200.

3 Wappen, DessauerStraße 200.

4 Bruderschaft Halle, Leipziger Straße.

5 Vallis in Hallo S Scabin, Leipziger Straße

6 Socken, Leipziger Straße.

7 Halle an der Saale, Leipziger Straße.

8 Burg, Leipziger Straße.

9 Salzbrüderschaft., Leipziger Straße

HALLE / SAALE

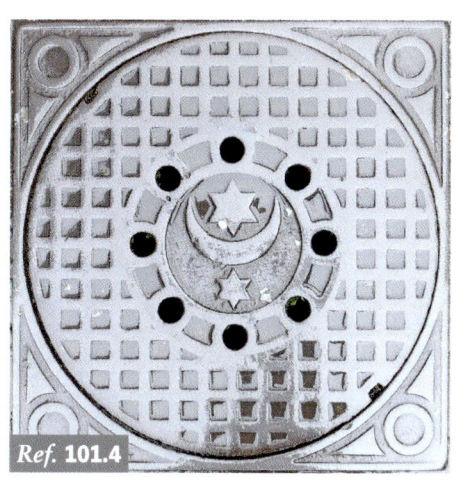

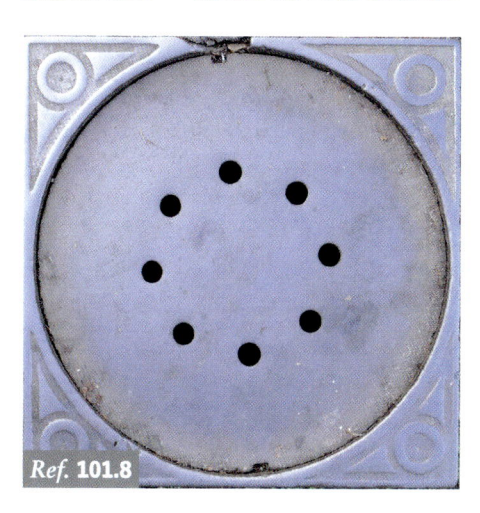

Ref. 101.1
Ref. 101.3
Ref. 101.6
Ref. 101.4
Ref. 101.7
Ref. 101.2
Ref. 101.5
Ref. 101.8

1 Wappen.
2 12 Lüftungsschlitze.
3 Schulstraße.
4 Leipziger Straße.
5 Christian Glaser Halle, Saale, Mittelstraße.
6 Luisenstraße.
7 Muster.
8 Großer Sandberg.

HERZBERG / ELSTER

1 Achteck, beschädigt, Falkenberger Straße.
2 Achteck, beschädigt, Falkenberger Straße.
3 Achteck, Falkenberger Straße.
4 Abgewetzt, Anhalter Straße.
5 Achteck, Falkenberger Straße.
6 Achteck, Falkenberger Straße.

HERZBERG / ELSTER

1 Vier Speichen, Mönchstraße.

2 Muster, Torgauer Straße.

3 FTL, Anhalter Straße.

4 Made in GDR, Kirchstraße.

5 Muster, Torgauer Straße.

6 Muster, Mönchstraße.

HONFLEUR (FRANKREICH)

Ref.104.1	Ref.104.4	Ref.104.7
Ref.104.2	Ref.104.5	Ref.104.8
Ref.104.3	Ref.104.6	Ref.104.9

1 AC.

2 AC.

3 AC.

4 Muster.

5 Muster.

6 Muster.

7 Muster.

8 Fonderies du Pas.

9 Muster.

1 VEB Maxhütte Unterwellenborn, auf dem U-Bahnsteig Hönow.

2 VEB Maxhütte Unterwellenborn, auf dem U-Bahnsteig Hönow.

3 VEB Maxhütte Unterwellenborn, auf dem U-Bahnsteig Hönow.

4 Muster, auf dem U-Bahnsteig Hönow.

5 VEB Maxhütte Unterwellenborn, auf dem U-Bahnsteig Hönow.

6 Muster, auf dem U-Bahnsteig Hönow.

HOYERSWERDA 106

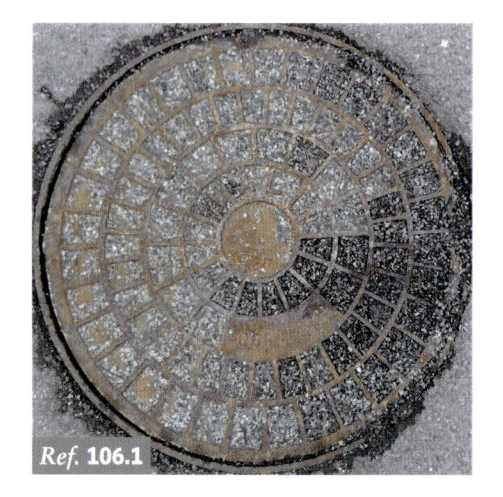

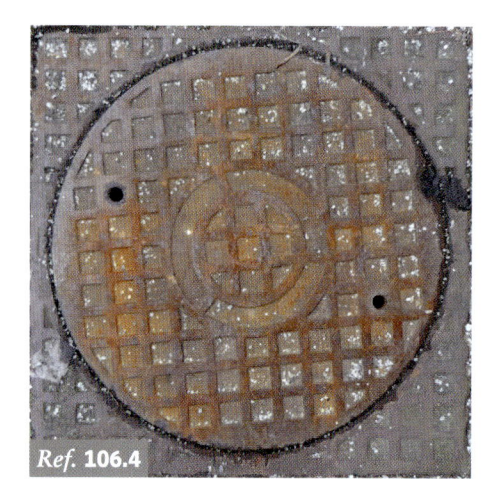

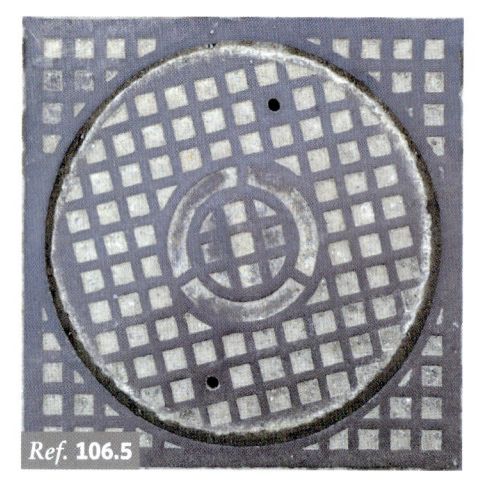

Ref. 106.1

Ref. 106.3

Ref. 106.4

Ref. 106.2

Ref. 106.5

Ref. 106.6

1. WAL DDR GM,
   Bautzener Allee 39.

2. Muster und Symbol,
   Friedrich-Liszt-Straße 12.

3. Made in GDR im Schnee,
   Weinertstraße.

4. Muster und Symbol,
   Friedrich-Liszt-Straße 16.

5. Muster Bautzner Ecke Weinertstraße.

6. Muster und Symbol,
   Johann-Sebastian-Bach Straße 23.

IRUN (SPANIEN)

Ref. 107.1
Ref. 107.4
Ref. 107.6
Ref. 107.2
Ref. 107.3
Ref. 107.5

1 Aqua Potable Edateko.
2 Aqua Potable Renfe.
3 Renfe.
4 Casa Sancena Pamplona.
5 Aqua Potable Renfe.
6 Boca de Riego e Incendios.

JENA

108

1 Made in GDR, Teichgraben.

2 EHD Dresden, Weigelstraße.

3 Made in GDR, Weigelstraße.

4 Muster, vor dem Bahnhof Jena-West.

5 Muster, vor dem Bahnhof Jena-West.

6 Am Carl-Zeiss-Platz.

7 Achteck, An der Marktmühle.

8 VEB Draweba Neustadt, An der Marktmühle.

9 Acteck, An der Marktmühle.

… JENA

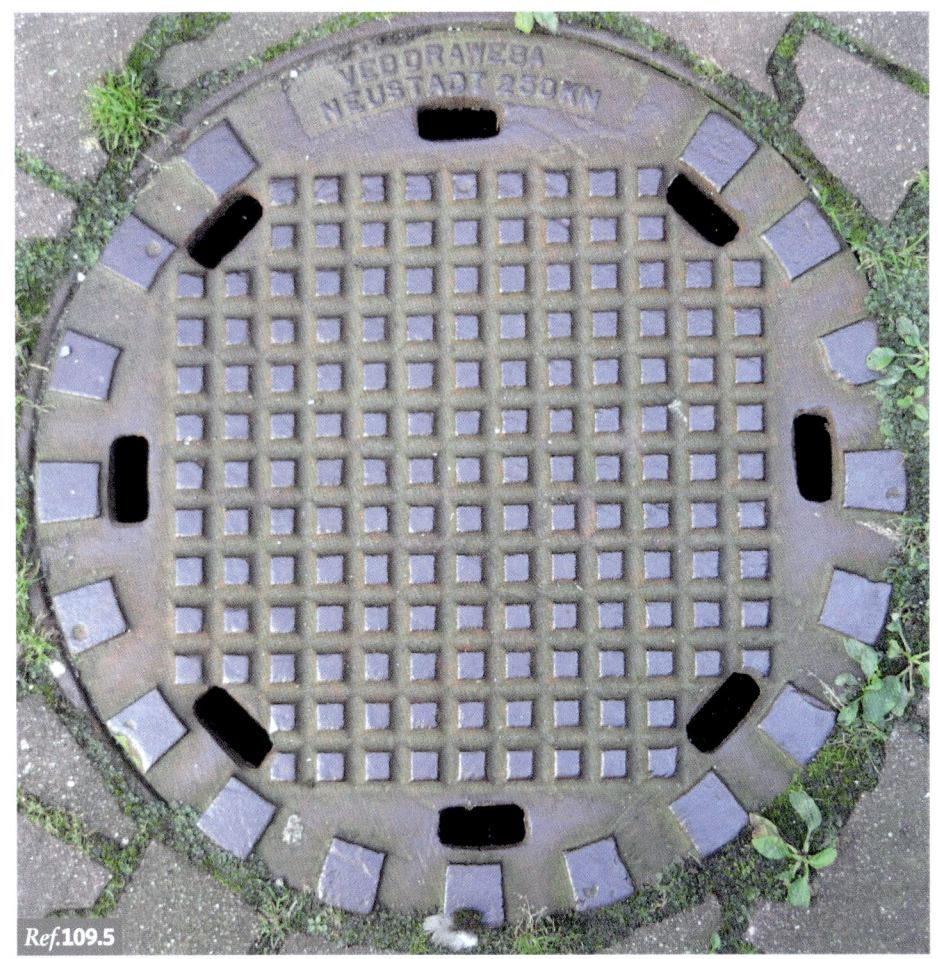

1 VEB Draweba Neustadt, Teichgraben.

2 VEB Draweba Neustadt, An der Marktmühle.

3 VEB Draweba Neustadt, An der Marktmühle.

4 K, Schillerstraße.

5 VEB Draweba Neustadt, Teichgraben.

6 Weigelstraße.

JEREZ (SPANIEN)

1. Ajemsa Aguas Jerez.
2. Muster.
3. Muster.
4. Muster.
5. Muster.
6. Muster.

JEREZ (SPANIEN)

Ref. 111.1
Ref. 111.4
Ref. 111.6
Ref. 111.2
Ref. 111.3
Ref. 111.5

1 Maceda Camas Saneamiento.

2 Ayuntamiento Jerez.

3 Jerez Saneamiento.

4 Marvizon Saneamiento.

5 Servicio Contra Incendios H.

6 Saneamiento.

JÜTERBOG

1. Livar Ivancna Gorica Kanalizacija.
2. Fünf Speichen, mit Holzresten, Schillerstraße 4.
3. Made in GDR 9, Lessingstraße.
4. Muster, Zinnaer Straße 2.
5. Fünf Speichen, mit Holzresten, Schillerstraße 2.
6. Fünf Speichen, mit Holzresten, Schillerstraße 3.

JÜTERBOG

Ref. 113.1
Ref. 113.4
Ref. 113.6
Ref. 113.2
Ref. 113.3
Ref. 113.5

1 Fünf Speichen, mit Holzresten, Friedrich-Ebert-Straße 4.

2 Fünf Speichen, mit Holzresten, Friedrich-Ebert-Straße 6.

3 Fünf Speichen, mit Holzresten, Große Straße 1.

4 Fünf Speichen, mit Holzresten, Friedrich-Ebert-Straße 3.

5 Fünf Speichen, mit Holzresten, Friedrich-Ebert-Straße 2.

6 Fünf Speichen, mit Holzresten, Große Straße 3.

LA (SPEZIA ITALIEN)

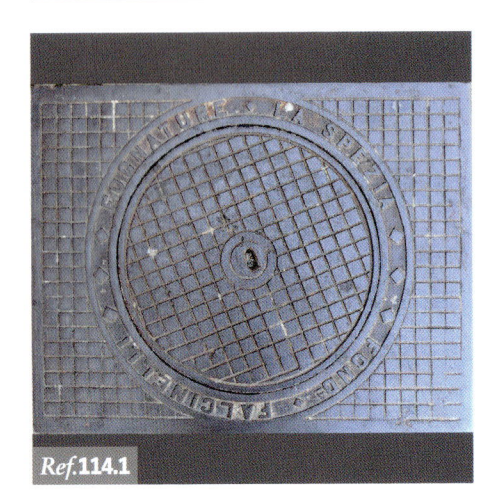

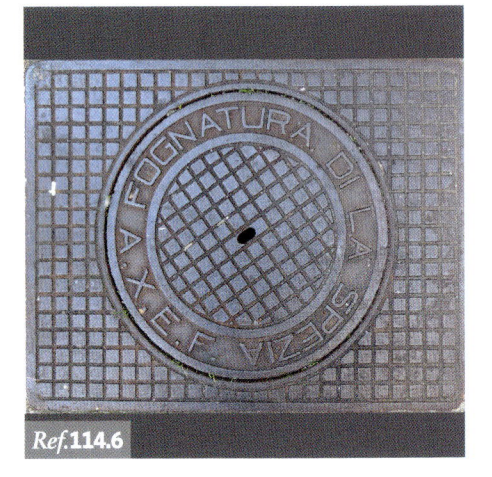

Ref.114.1
Ref.114.3
Ref.114.4
Ref.114.2
Ref.114.5
Ref.114.6

1. Fond Falcinelli Fognature La Spezia.
2. Acam La Spezia, Fognatura.
3. Fond Falcinelli Fognature La Spezia.
4. Fognatura di La Spezia, Anno X-E-F.
5. Fognatura di La Spezia, Anno X-E-F.
6. Fognatura di La A.X.E.F.

LE HAVRE (FRANKREICH)

1 Ville de Havre.

2 Ville de Havre.

3 Ville de Havre.

4 Ville de Havre.

5 Ville de Havre.

6 Ville de Havre.

7 Ville de Havre.

8 Ville de Havre.

9 Ville de Havre.

LE HAVRE (FRANKREICH)

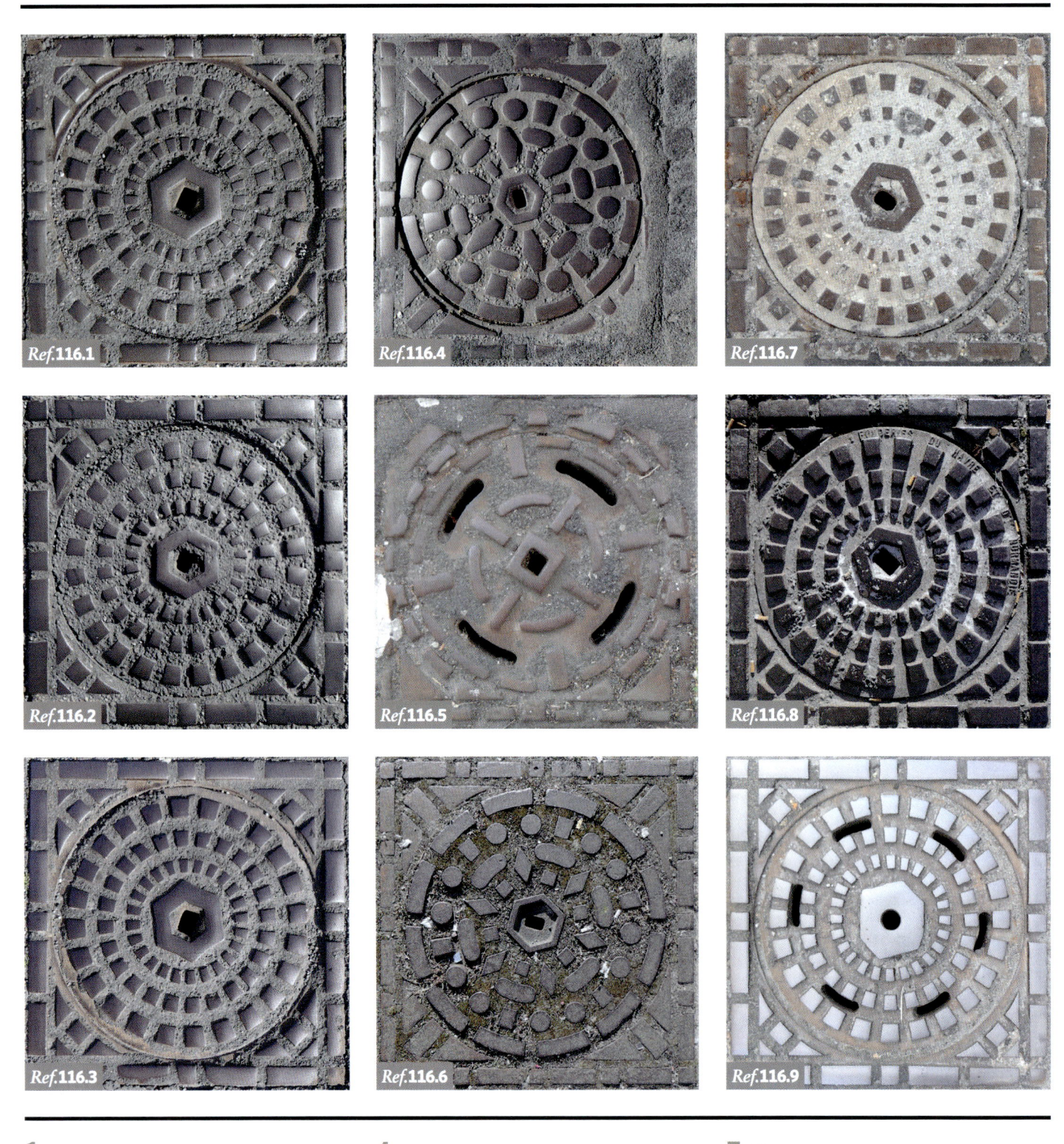

1 Muster.

2 Muster.

3 Muster.

4 Muster.

5 Muster.

6 Muster.

7 Muster.

8 Fonderies du Havre et di Normandie.

9 Muster.

LEIPZIG

1 Achteck, abgewetzt, Löhrstraße.

2 Achteck, Asphalt, Hinrichsen Straße.

3 Achteck, Löhrstraße.

4 Zwölfeck, Pfaffendorfer Straße.

5 Tolles Muster, Wilhelm-Liebknecht-Platz.

6 Zwölfeck, Eutritscher Straße.

LEIPZIG

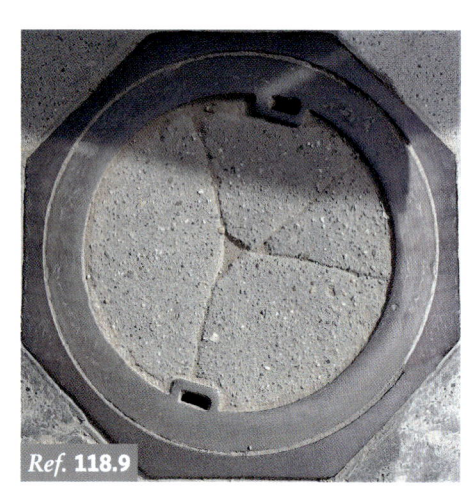

Ref. 118.1	Ref. 118.4	Ref. 118.7
Ref. 118.2	Ref. 118.5	Ref. 118.8
Ref. 118.3	Ref. 118.6	Ref. 118.9

1 Rom.

2 FH.

3 FL VEB Kanalgus Lugau.

4 Muster.

5 Mit Holz, vor dem Rathaus.

6 Mit Holz, vor dem Rathaus.

7 Achteck, abgewetzt, Lortzing Straße..

8 Achteck, Beton, Nordstraße.

9 Achteck, Beton, Gerberstraße.

LEIPZIG

1 Rund Gitter, Gerberstraße.

2 Rund Gitter, Löhrstraße.

3 Rund, Keilstraße.

4 Rund mit Holz, Emil-Fuchs-Straße.

5 Rund mit Holz, Emil-Fuchs-Straße.

6 Rund mit Holz, Lortzing Straße.

LEIPZIG

Ref. 120.1
Ref. 120.3
Ref. 120.4
Ref. 120.2
Ref. 120.5
Ref. 120.6

1 An einer alten Pumpe.
2 Franz Mosenthin Leipzig, Löhrstraße.
3 Bald verschwunden.
4 Achteck mit Holz.
5 Achteck, Humboldtstraße.
6 Achteck, Humboldtstraße.

LENINGRAD / PETERSBURG (RUSSLAND)

1. RM38 Tello Setch Kwadratnaja 1972,
   Foto: Wolfgang Leyn

2. Basewinja,
   Foto: Wolfgang Leyn.

3. Kanalisazia Leningrad,
   Foto: Wolfgang Leyn.

4. SW125+60 Gost 3634-99, K,
   Foto: Wolfgang Leyn.

5. Kanalisazia Leningrad,
   Foto: Wolfgang Leyn..

6. K, 1996 Gost 363489,
   Foto: Regina Franck

LISSABON (PORTUGAL)

Ref.122.1	Ref.122.4	Ref.122.7
Ref.122.2	Ref.122.5	Ref.122.8
Ref.122.3	Ref.122.6	Ref.122.9

1 Rua De Santa Justa.
2 Abgewetzt.
3 Voll Farbe.
4 Straßenmarkierung.
5 Esgotos.
6 Alt.
7 Alt.
8 Zerbrochen.
9 Alt.

LISSABON (PORTUGAL)

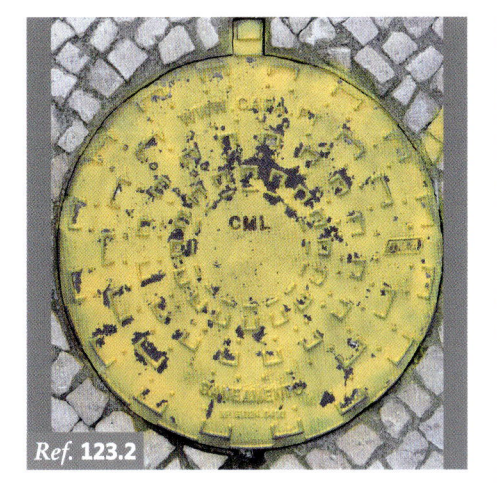

Ref. 123.1
Ref. 123.4
Ref. 123.6
Ref. 123.2
Ref. 123.3
Ref. 123.5

1 Rua Da Prata.

2 Porto Largo Da Trindade.

3 Gibb & Co LTD London, Porto Largo Da Trindade.

4 Gibb & Co LTD London Rua De Santa Justa.

5 Gibb & Co LTD London..

6 APT.

LONDON (GROSSBRITANNIEN)

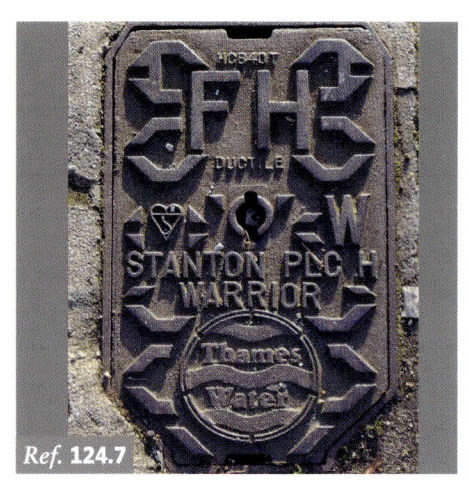

124

Ref. 124.1
Ref. 124.2
Ref. 124.3
Ref. 124.4
Ref. 124.5
Ref. 124.6
Ref. 124.7
Ref. 124.8
Ref. 124.9

1 Savage Nune Aton.
2 Goodridge.
3 Thames Water.
4 Patent Automatic Action, Notting Hill Gate, R. H. & J. Pearsons.
5 Interax 2.
6 Twickenham Borouch Council.
7 FH Stanton PLC H Warrior, Thames Water.
8 Stanton PLC H Warrior, Thames Water.
9 FH Thames Water.

LONDON (GROSSBRITANNIEN)

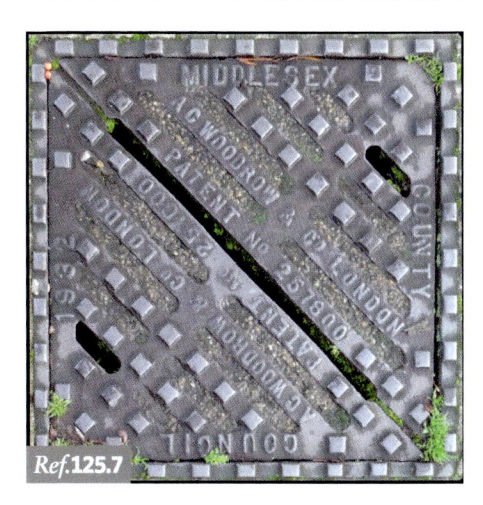

1. Broads London.
2. Broads London.
3. Challenger.
4. Challenger.
5. James Gibb London.
6. 700.
7. Middlesex.
8. Broads London.
9. Muster.

LUCKENWALDE

126

Ref. 126.1
Ref. 126.4
Ref. 126.3
Ref. 126.2
Ref. 126.5
Ref. 126.6

1 Made in GDR 96, Grabenstraße 22.
2 Doppelter Lüftungsring, rund, Triftstraße 4.
3 Muster, Puschkinstraße.
4 Doppelter Lüftungsring, rund, Triftstraße 4.
5 Made in GDR 85, Schillerstraße.
6 Schillerstraße.

LUCKENWALDE

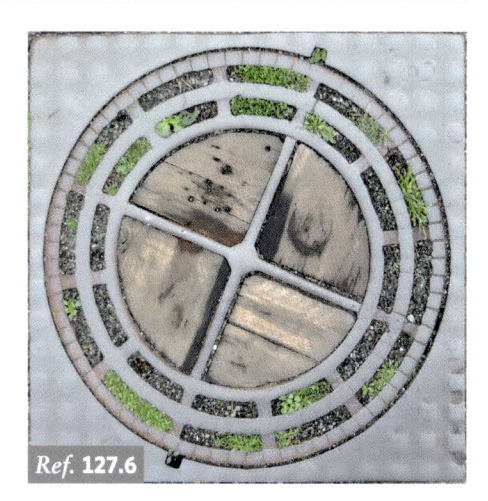

Ref. 127.1

Ref. 127.4

Ref. 127.6

Ref. 127.2

Ref. 127.3

Ref. 127.5

1 Budde & Goehde Berlin S, Doppelter Lüftungsring mit Holz, Dessauer Straße 31.

2 Budde & Goehde Berlin S, Doppelter Lüftungsring mit Holz, Grabenstraße 7.

3 Budde & Goehde Berlin S, Doppelter Lüftungsring mit Holz, Grabenstraße 10.

4 Budde & Goehde Berlin S, Doppelter Lüftungsring mit Holz, Puschkinstraße 52.

5 Budde & Goehde Berlin S, Doppelter Lüftungsring mit Holz, Dessauer Straße 32.

6 Doppelter Lüftungsring mit Holz, Puschkinstraße 50.

LUXEMBURG

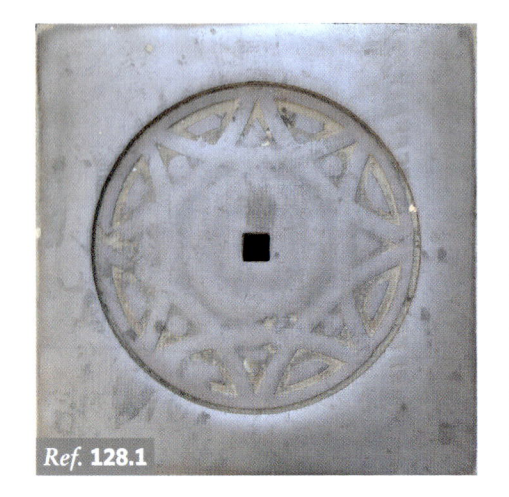

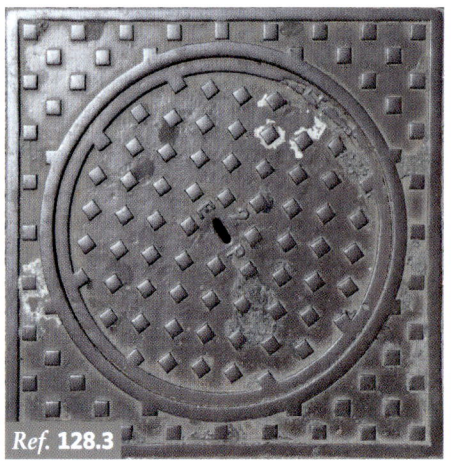

Ref. 128.1
Ref. 128.3
Ref. 128.4
Ref. 128.2
Ref. 128.5

1 Abgewetzt.
2 Fonderies de Luxemburg Eich.
3 2 EP.
4 P.T. Massard Fonderie Kayl.
5 Muster.
6 2 EP.

MADRID (SPANIEN)

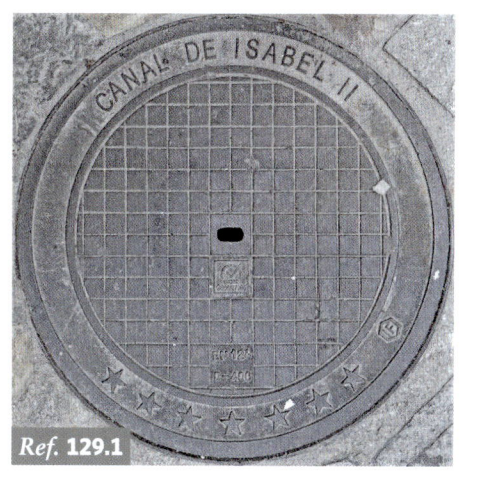

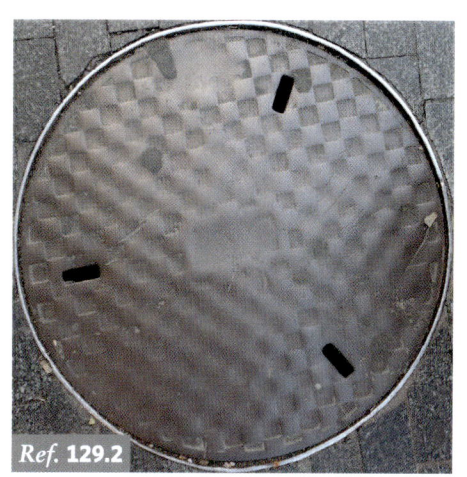

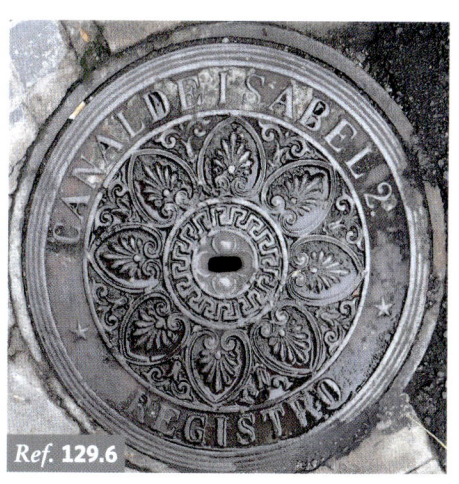

Ref. **129.1**
Ref. **129.2**
Ref. **129.3**
Ref. **129.4**
Ref. **129.5**
Ref. **129.6**
Ref. **129.7**
Ref. **129.8**
Ref. **129.9**

1. Canal de Isabel II, Calle de Prado.
2. Calle del Clavel.
3. Fontaneria Alcantarillas Madrid.
4. Calle de Martin del los Heros.
5. B Registro Alcantarillado.
6. Schönes Muster, Canal de Isabel 2, Registro.
7. Calle de Cervantes.
8. Calle de Leon.
9. Calle Galileo.

MADRID (SPANIEN)

1. Ayuntamiento Calle del Principe.
2. Canal del Marche de Santilana Anode 1931.
3. Calle de Gaztambide.
4. Canal de Isabel II Registro.
5. Calle Magallanes.
6. Canal de Isabel II Registro.
7. Canal de Isabel II Registro.
8. Instalaciones Hernandez Sa Jean.
9. Fontaneria Alcantarillas Madrid.

MAGDEBURG

Ref. 131.1
Ref. 131.4
Ref. 131.6
Ref. 131.2
Ref. 131.3
Ref. 131.5

1 Auf einer Wiese an der Elbe.
2 WAL DDR GM, Peterstraße.
3 WAL DDR GM, Peterstraße.
4 WAL DDR GM, Peterstraße.
5 Sehr alt, an der Elbe.
6 WAL DDR, Weitlingstraße.

MAGDEBURG

Ref. 132.1

Ref. 132.3

Ref. 132.4

Ref. 132.2

Ref. 132.5

Ref. 132.6

1 Doppelter Lüftungsschlitzring, an der Elbe.

2 Doppelter Lüftungsschlitzring, an der Elbe.

3 Doppelter Lüftungsschlitzring, auf dem Kirchhof.

4 Doppelter Lüftungsschlitzring, Josef-Metzer-Straße.

5 Hegelstraße.

6 Schellingstraße.

MALAGA (SPANIEN)

1 Servicio Saneamiento.

2 Saneamiento.

3 Ayto Malaga Saneamiento.

4 Saneamiento Avenida de la Aurora.

5 Poligono Alameda Saneamiento Malaga, Avenida de la Aurora.

6 Excmo-Ayto-Malaga, Servicio de Aquas.

MALAGA (SPANIEN)

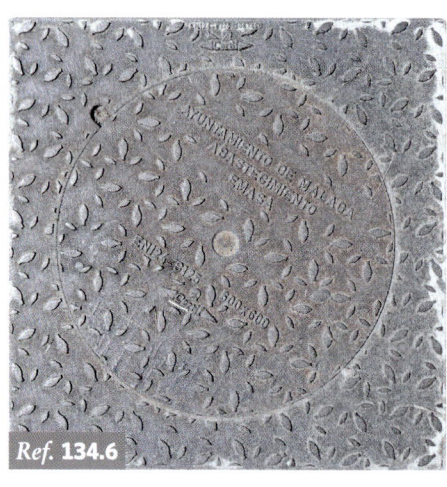

Ref. 134.1
Ref. 134.2
Ref. 134.3
Ref. 134.4
Ref. 134.5
Ref. 134.6
Ref. 134.7
Ref. 134.8

1 Saneamiento Malaga.

2 Ministerio de la Vivienda, Alcantarillado, Poligono Alameda Malaga.

3 Poligono Alameda Malaga, Agua.

4 Poligono Alameda Malaga, Emasa Agua Potable.

5 Ayuntamiento de Malaga, Emasa Agua Potable.

6 Ayuntamiento de Malaga, Abastecimiento Emasa.

7 J.O.P. Malaga.

8 J.O.P. Malaga.

MARBELLA (SPANIEN)

Ref. 135.1

Ref. 135.4

Ref. 135.6

Ref. 135.2

Ref. 135.3

Ref. 135.5

1. Ayuntamiento Saneamiento Marbella.
2. Boca de Incendos.
3. J. R. Caberes Moguer.
4. M.O.P. Carreteras.
5. San Pedro de Alcantara Saneamiento.
6. Saneamiento.

MEISSEN

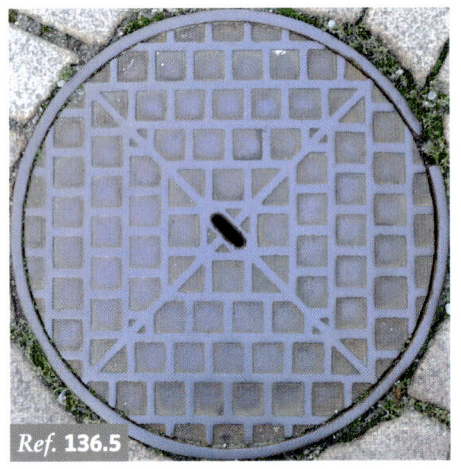

Ref. 136.1

Ref. 136.3

Ref. 136.4

Ref. 136.2

Ref. 136.5

Ref. 136.6

1 Görnische Gasse 5.

2 1922 Schindler & Grünewald Meissen, vor dem Theater.

3 Görnische Gasse 34.

4 Leipziger Straße 11.

5 Martinstraße 2.

6 Am Theaterplatz.

MEISSEN

Ref. 137.1
Ref. 137.2
Ref. 137.3
Ref. 137.4
Ref. 137.5
Ref. 137.6
Ref. 137.7
Ref. 137.8
Ref. 137.9

1 Muster.
2 Beuma - Borna, 8-Eck.
3 Zerbrochen.
4 Jakobi Meissen.
5 Meissen Hauptbahnhof.
6 Muster, Leipziger Straße 13.
7 Muster, Neugasse 2.
8 Zwölf-Eck.
9 Abgewetzt, Neugasse 7.

METZ F(RANKREICH)

138

Ref. **138.1**

Ref. **138.4**

Ref. **138.7**

Ref. **138.2**

Ref. **138.5**

Ref. **138.8**

Ref. **138.3**

Ref. **138.6**

Ref. **138.9**

1 Muster.
2 Metz.
3 Muster.
4 Acht Speichen.
5 Acht Speichen.
6 Acht Speichen.
7 Acht Speichen.
8 Acht Speichen.
9 Acht Speichen.

MIRANDA DE EBRO (SPANIEN)

Ref. 139.1
Ref. 139.4
Ref. 139.6
Ref. 139.2
Ref. 139.3
Ref. 139.5

1 Muster.
2 Muster.
3 Fundiciones Abad - Arand de Duero.
4 Muster
5 Saneamiento.
6 Fundicion Casa Elias Sa Logrono.

MIRANDA DE EBRO (SPANIEN)

1. Saneamiento de Miranda de Ebro 1913.
2. Abastecimiento de Aguas de Miranda 1913.
3. Ayuntamiento de Miranda de Ebro Aqua Potable.
4. Fnes La Nave Miranda de Ebro.
5. Fundicion Elias Logrono.
6. Muster.

MONTEROSSO MARE (ITALIEN)

Ref. 141.1
Ref. 141.4
Ref. 141.6
Ref. 141.2
Ref. 141.3
Ref. 141.5

1 Monterosso Mare.
2 Monterosso Mare
3 Monterosso Mare, Fognatura Nera.
4 Monterosso Mare, Fognatura Nera.
5 Fonderie di Foggia, Made in Italy.
6 Enel.

NAUEN

142

Ref. 142.1

Ref. 142.3

Ref. 142.4

Ref. 142.2

Ref. 142.5

Ref. 142.6

1. Symbole, stark beschädigt, Güterbahnhof Nauen.

2. Schönes Muster, R in allen vier Ecken, acht Lüftungsöffnungen, Berliner Straße 40.

3. Symbole, stark beschädigt, Güterbahnhof Nauen.

4. Symbole, stark beschädigt, Güterbahnhof Nauen.

5. Schönes Muster, R in allen vier Ecken, acht Lüftungsöffnungen, Berliner Straße 38.

6. Schönes Muster R acht Lüftungsöffnungen Berliner Straße 9.

NAUMBURG

1 Muster, An der Stadtmauer.

2 Zwölfeckig.

3 Muster.

4 Unleserlich.

5 Unleserlich,
... jäger ..... bach.

6 Unter einem Auto.

NERJA (SPANIEN)

Ref. 144.1
Ref. 144.2
Ref. 144.3
Ref. 144.4
Ref. 144.5
Ref. 144.6
Ref. 144.7
Ref. 144.8
Ref. 144.9

1 Basic Fortex.
2 Abastecimiento Furecu.
3 J. Lopez Iniesta Ductil.
4 Saneamiento.
5 Baustelle.
6 Saneamiento.
7 Saneamiento.
8 Nerja Saneamiento.
9 Saneamiento Nerja, 1961.

NEUBRANDENBURG

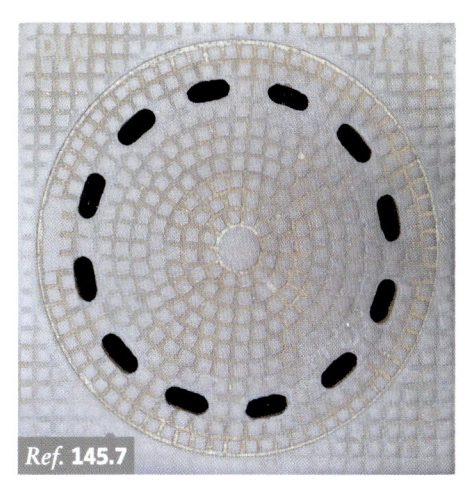

Ref. 145.1

Ref. 145.2

Ref. 145.3

Ref. 145.4

Ref. 145.5

Ref. 145.6

Ref. 145.7

Ref. 145.8

Ref. 145.9

1 H. Hoffmann Prenzlau, vor dem Bahnhof Neubrandenburg.

2 H. Hoffmann Prenzlau, vor dem Bahnhof Neubrandenburg.

3 H. Hoffmann Prenzlau, vor dem Bahnhof Neubrandenburg.

4 Made in GDR in der Markgrafenstraße.

5 MM in der Badstüberstraße.

6 MM in der Pfaffenstraße

7 DIN in der Behmenstraße.

8 Muster in der Pfaffenstraße.

9 Muster in der Ringstraße an der Stadtmauer.

NEUBRANDENBURG 146

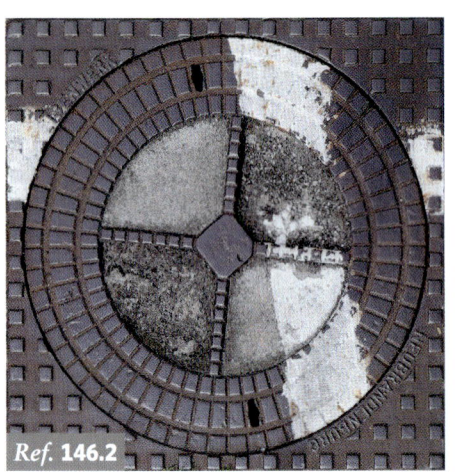

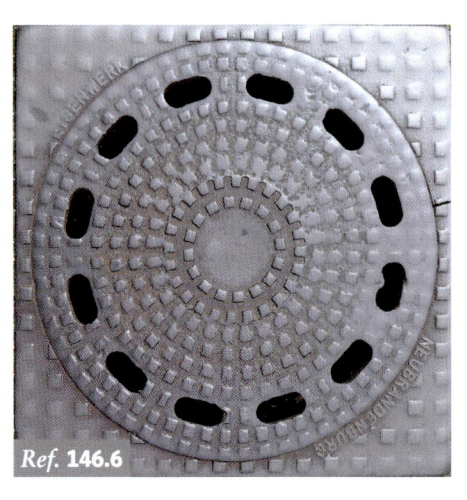

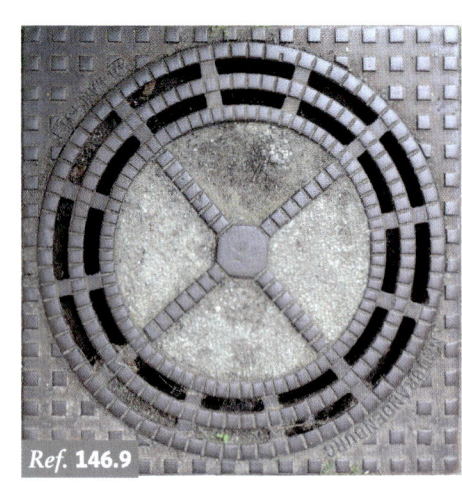

Ref. 146.1 *Ref. 146.4* *Ref. 146.7*

Ref. 146.2 *Ref. 146.5* *Ref. 146.8*

Ref. 146.3 *Ref. 146.6* *Ref. 146.9*

1 Eisenwerk Neubrandenburg, 16 Noppen in der Badstüberstraße.

2 Eisenwerk Neubrandenburg, 16 Noppen in der Dümperstraße.

3 Eisenwerk Neubrandenburg, 16 Noppen in der Darrenstraße.

4 Eisenwerk Neubrandenburg, Vollmetall, Große Wollweber Straße.

5 Eisenwerk Neubrandenburg, Vollmetall, Große Wollweber Straße.

6 Eisenwerk Neubrandenburg, Vollmetall, Markgrafenstraße.

7 Eisenwerk Neubrandenburg vor dem Fangelturm.

8 Eisenwerk Neubrandenburg in der Stargarder Straße.

9 Eisenwerk Neubrandenburg vor dem Fangelturm.

NEUBRANDENBURG

Ref. 147.1
Ref. 147.2
Ref. 147.3
Ref. 147.4
Ref. 147.5
Ref. 147.6

1 Gütezeichen Q DDR, mit einer 1 und Made in GDR in der Badstübertraße.

2 Gütezeichen Q DDR, mit einer 1 und Made in GDR in der Behmenstraße.

3 Gütezeichen Q DDR, mit einer 1 und Made in GDR in der Neutor Straße.

4 WAL DDR GM, in der Pfaffenstraße.

5 Gütezeichen Q DDR, mit einer 1 und Made in GDR in der Neutor Straße.

6 WAL DDR GM, in der Pontanusstraße.

NEUBRANDENBURG

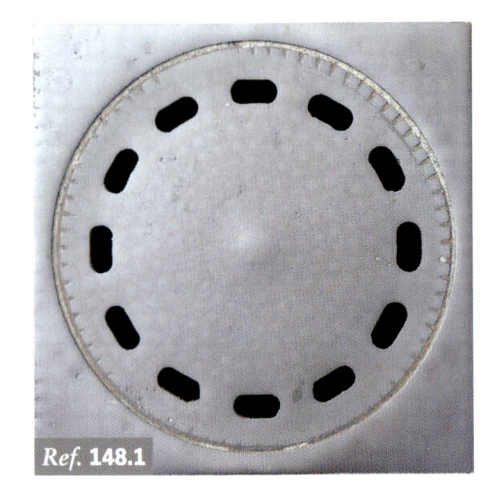

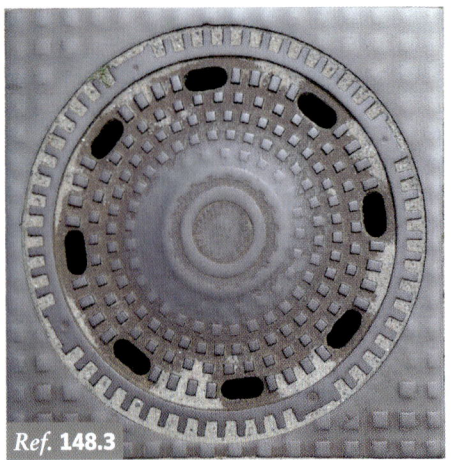

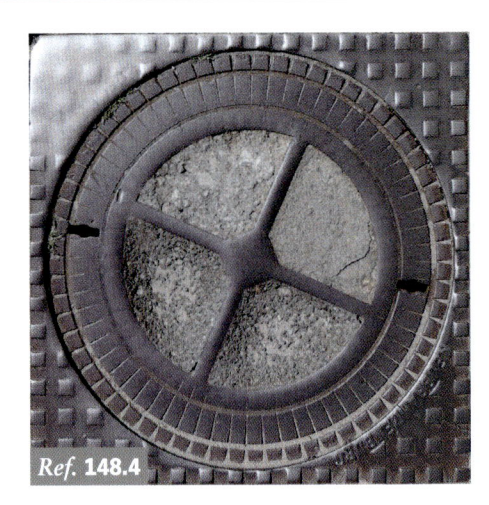

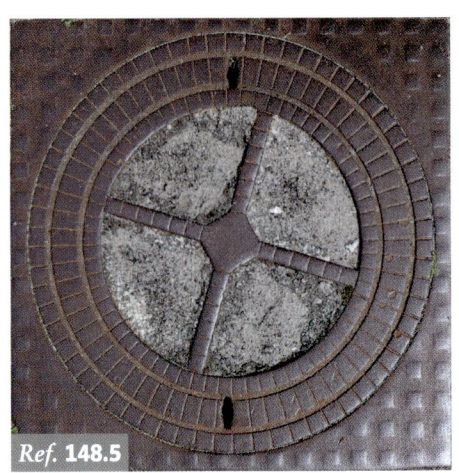

148

Ref. 148.1

Ref. 148.3

Ref. 148.4

Ref. 148.2

Ref. 148.5

Ref. 148.6

1 Abgewetzt, Darrenstraße.

2 Eisenwerk Neubrandenburg, vor dem „Kulturfinger".

3 Abgewetzt, Darrenstraße.

4 Abgewetzt, Dümperstraße.

5 Abgewetzt, Herborststraße.

6 Abgewetzt, Herborststraße.

NEURUPPIN

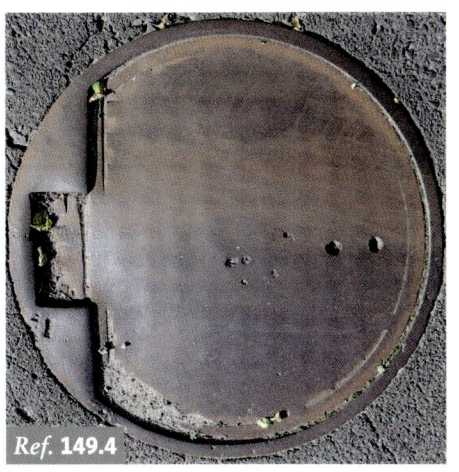

Ref. 149.1

Ref. 149.4

Ref. 149.6

Ref. 149.2

Ref. 149.3

Ref. 149.5

1 Stark abgewetzt, Ernst-Toller-Straße.

2 Mit Scharnier, S in der Mitte, Robert-Koch-Straße 3.

3 Mit Scharnier, S in der Mitte, Rosenstraße.

4 Mit Scharnier, abgewetzt, Robert-Koch-Straße.

5 Mit Scharnier, abgewetzt, Robert-Koch-Straße..

6 Mit Scharnier, S in der Mitte, August-Bebel-Straße.

NEURUPPIN

150

Ref. 150.1

Ref. 150.3

Ref. 150.4

Ref. 150.2

Ref. 150.5

Ref. 150.6

1 Doppelter Lüftungsschlitzring.

2 Budde & Goehde Berlin S, mit Muster und Stern in der Mitte, Heinrich-Heine-Straße.

3 Doppelter Lüftungsschlitzring.

4 Made in GDR, Ernst-Toller-Straße.

5 Budde & Goehde.

6 Scharnierdeckel.

NEUSTRELITZ

Ref. 151.1
Ref. 151.4
Ref. 151.2
Ref. 151.3
Ref. 151.5

1 Stark abgewetzt, mit Holz.
2 Muster.
3 VEB Kanalguss Lugau, Lugau / E.
4 Doppelter Lüftungsschlitzring, zugewachsen.
5 Doppelter Lüftungsschlitzring, mit Holz.
6 VEB Kanalguss Lugau, Lugau / E.

NÜRNBERG

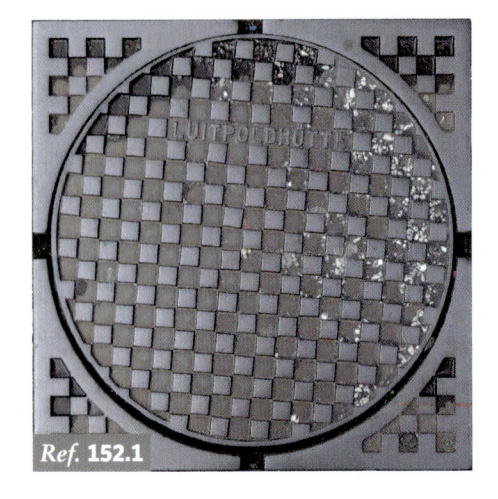

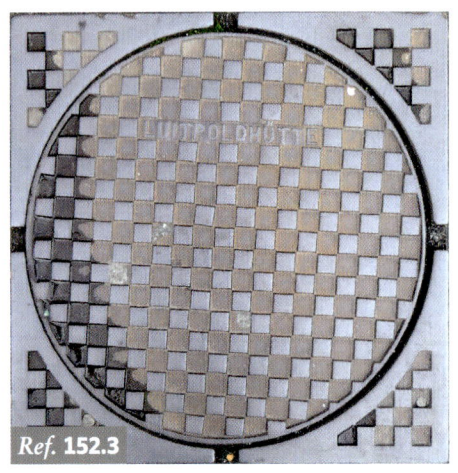

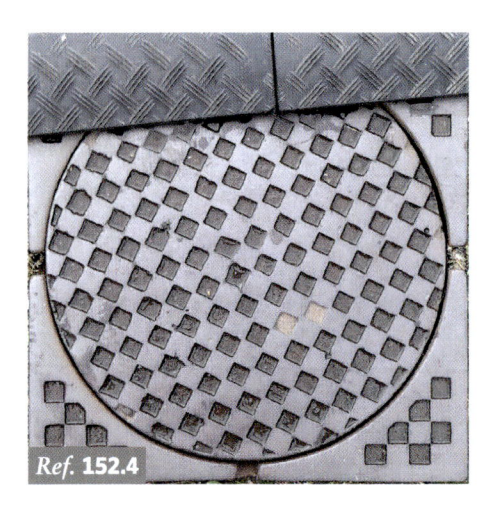

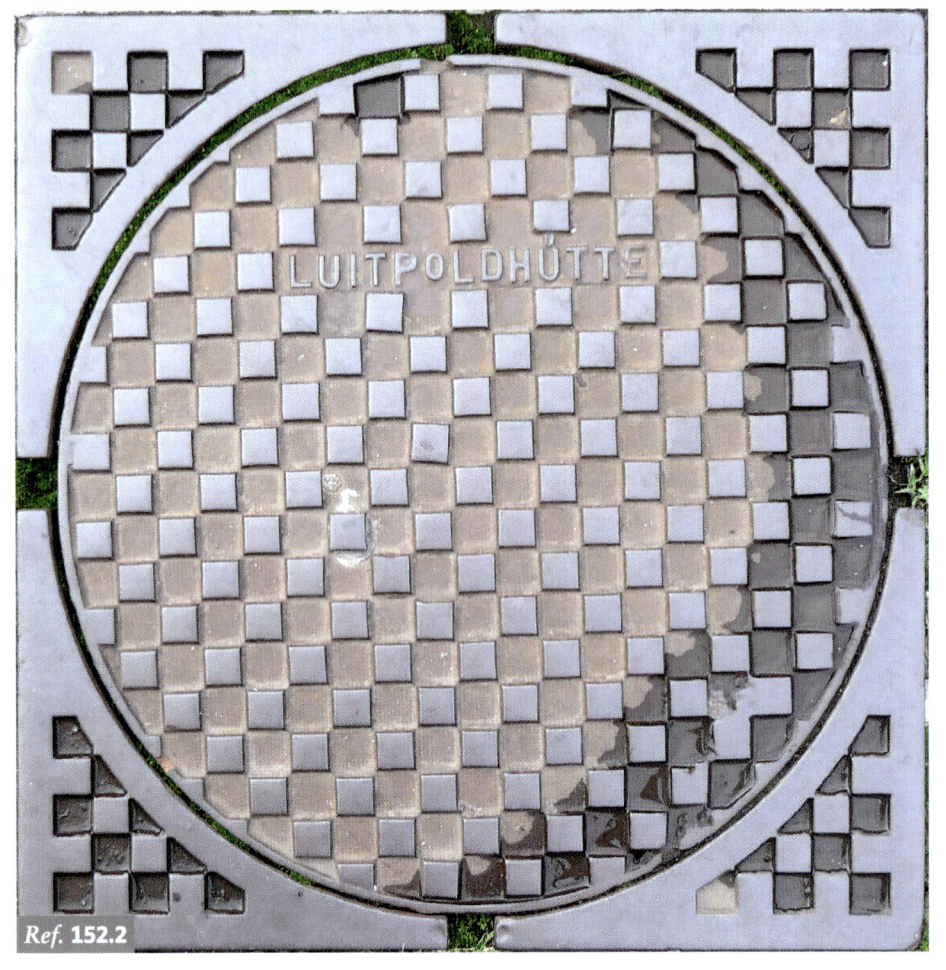

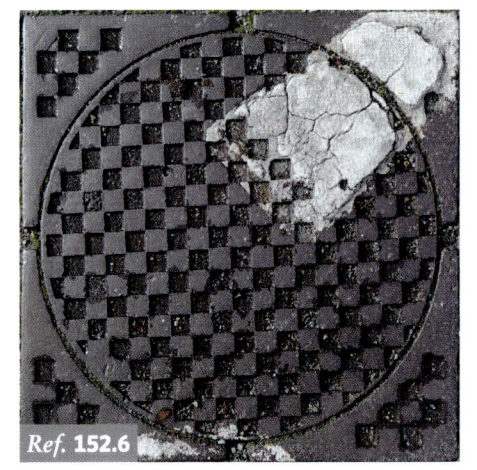

Ref. 152.1
Ref. 152.3
Ref. 152.4
Ref. 152.2
Ref. 152.5
Ref. 152.6

1. Luitpoldhütte, Findelgasse.
2. Luitpoldhütte, Karolinenstraße.
3. Luitpoldhütte, Königsstraße.
4. Muster, Königsstraße.
5. Luitpoldhütte, Bergstraße.
6. Muster, Spittlertorgraben.

NÜRNBERG

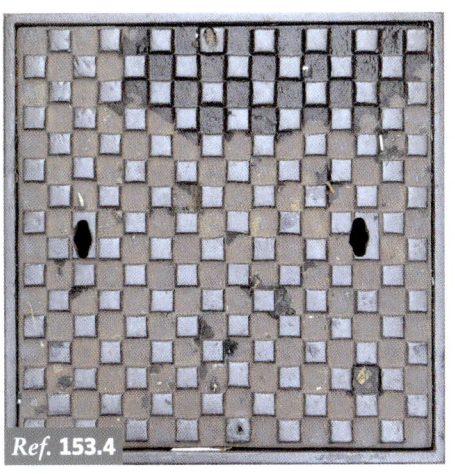

Ref. 153.1

Ref. 153.2

Ref. 153.3

Ref. 153.4

Ref. 153.6

Ref. 153.5

1. AHAG Hilpert Pegnitzhütte Nürnberg.
2. Seltsame Abdeckung auf der Kaiserburg.
3. Seltsame Abdeckung auf der Kaiserburg.
4. Klappe auf dem Altmarkt.
5. N, Karolinenstraße.
6. Luitpoldhütte, Karolinenstraße.

NÜRNBERG

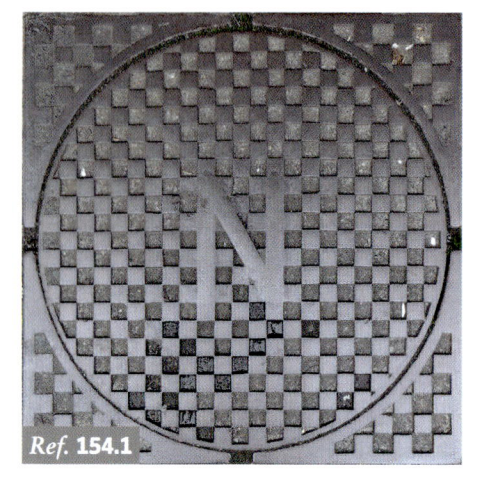

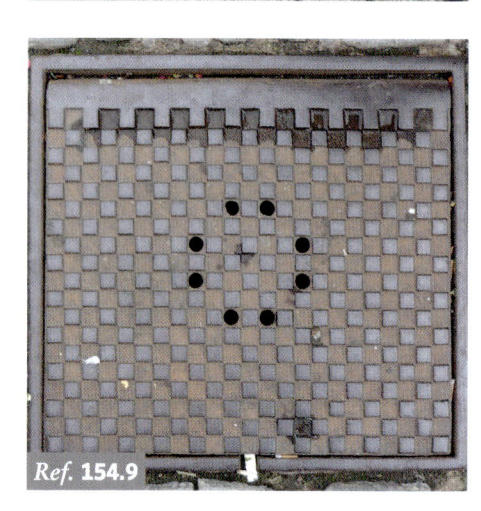

154

Ref. 154.1	Ref. 154.4	Ref. 154.7
Ref. 154.2	Ref. 154.5	Ref. 154.8
Ref. 154.3	Ref. 154.6	Ref. 154.9

1 N, Innere Laufergasse.

2 Spittlertorgraben.

3 N auf der Kaiserburg.

4 Baustelle, Karolinenstraße.

5 Kanaldeckel auf dem Reichsparteitagsgelände.

6 Mit Scharnier, Kaiserburg.

7 Mit Scharnier, Tetzelgasse.

8 Mit Asphalt und Scharnier, Karolinenstraße.

9 Mit Scharnier, Karolinenstraße.

PAMPANEIRA (SPANIEN)

Ref. 155.1
Ref. 155.4
Ref. 155.7
Ref. 155.2
Ref. 155.5
Ref. 155.8
Ref. 155.3
Ref. 155.6
Ref. 155.9

1 Aguas Gonzalez Granada.

2 Aguas Gonzalez Granada.

3 Aguas Gonzalez Granada.

4 J. Lopez Iniesta Ductil.

5 Muster.

6 S.

7 Muster.

8 Ayuntamiento Excma Dipu Cion Saneamiento Gonzalez Granada.

9 Rofer Saneamiento.

PARIS (FRANKREICH) 156

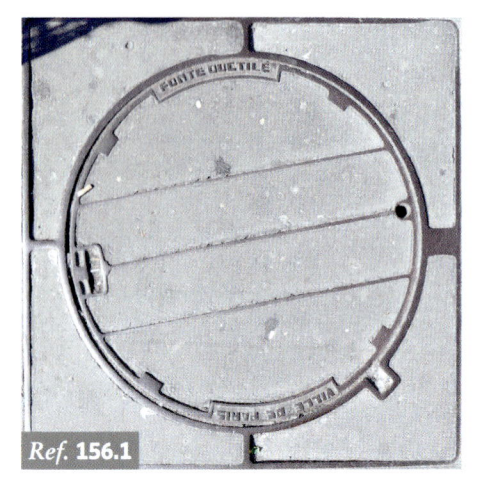

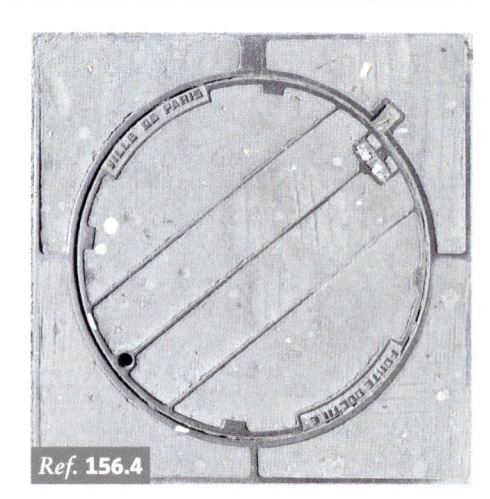

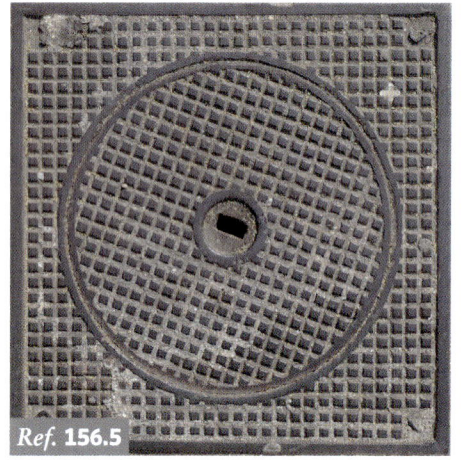

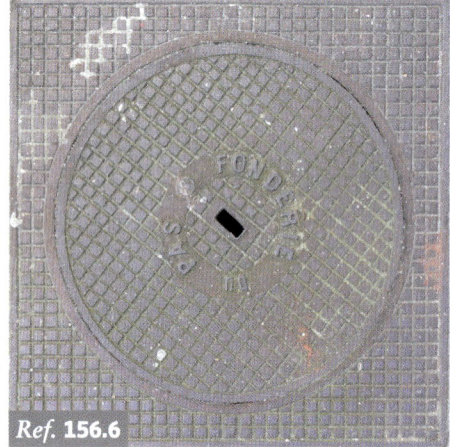

1 Fonte Ductile Ville de Paris.
2 AC.
3 Fonte Ductile Ville de Paris.
4 Fonte Ductile Ville de Paris.
5 J in allen vier Ecken.
6 Fonderie du Pas.

PARIS (FRANKREICH)

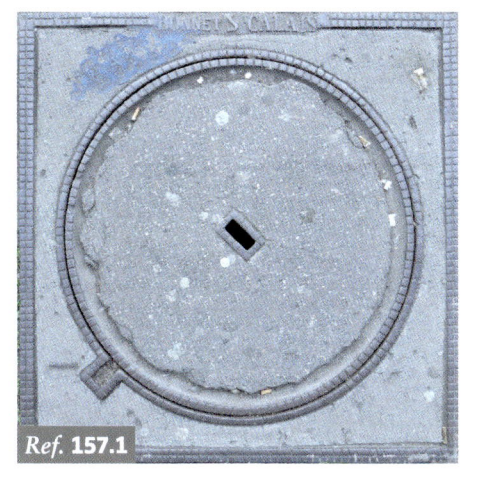

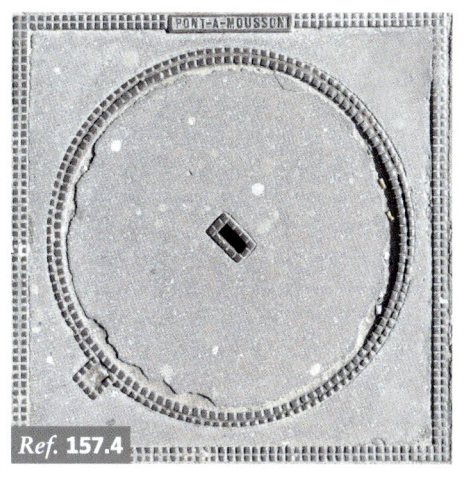

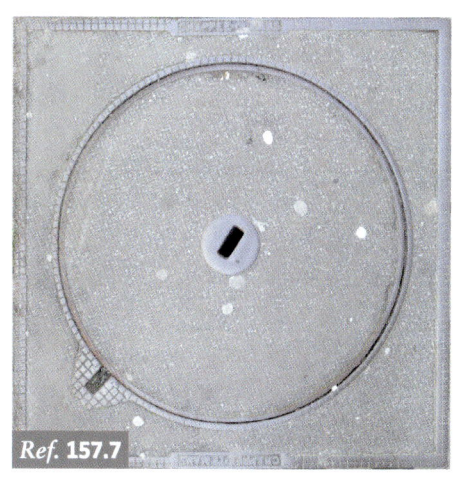

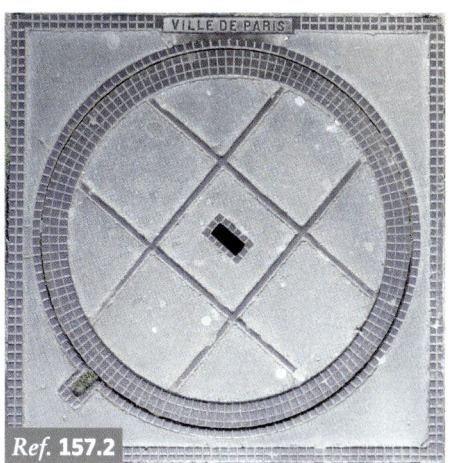

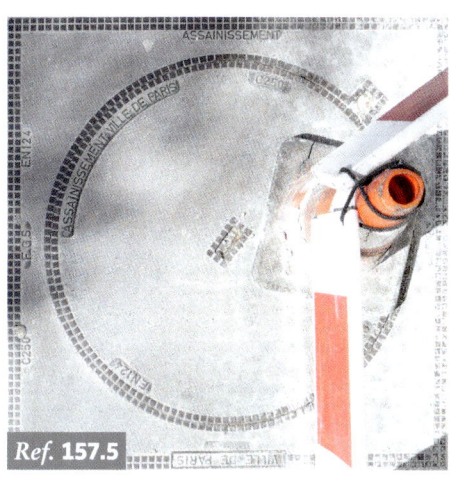

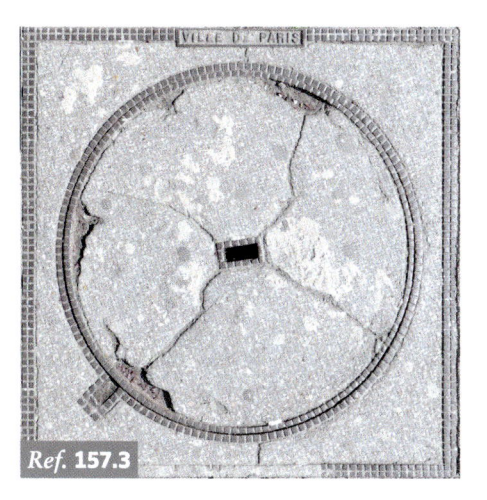

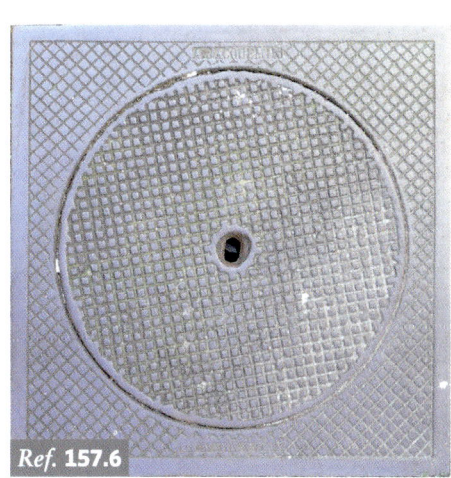

Ref. 157.1
Ref. 157.4
Ref. 157.7
Ref. 157.2
Ref. 157.5
Ref. 157.8
Ref. 157.3
Ref. 157.6
Ref. 157.9

1 Bonnets S Calais.
2 Ville de Paris.
3 Ville de Paris, zerbrochen.
4 Pont-A-Mousson.
5 Assainissement Ville de Paris.
6 A. Jacquemin, Rue St. Paul Paris.
7 A. Chappee Le Mans.
8 E. Houdry Paris, Service des Eaux de la Ville.
9 C.P.D.E. C 3.

PLOUMANACH (FRANKREICH) 158

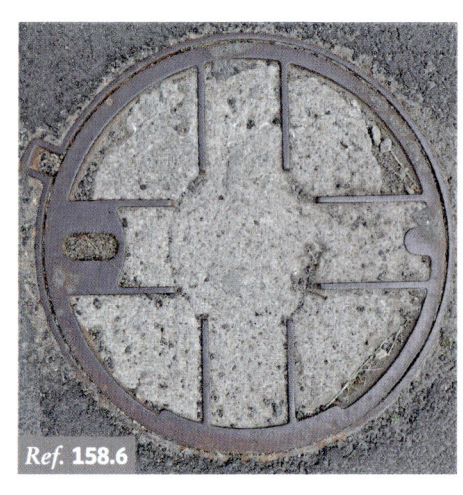

Ref. 158.1
Ref. 158.2
Ref. 158.3
Ref. 158.4
Ref. 158.5
Ref. 158.6
Ref. 158.7
Ref. 158.8
Ref. 158.9

1 Fonderi du Pas.
2 Fonderi du Pas.
3 Fonderi du Pas.
4 Muster.
5 Komplett asphaltiert.
6 Muster.
7 Fonderi du Pas.
8 Grüner Punkt.
9 Fonderi du Pas.

POTSDAM

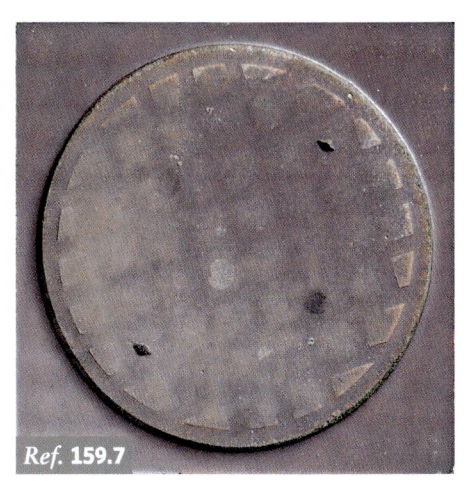

1 Muster, Am Neuen Markt.

2 Muster, Ebräerstraße.

3 Muster, Carl von Ossietzky Straße 42.

4 Muster, Lenne-Straße 12a.

5 Dortusstraße 64.

6 Quadratisch, Meistersingestraße 14.

7 Quadratisch, vor dem Eingang Park Sanssouci.

8 Quadratisch, Zimmerstraße 6.

9 Quadratisch, Zimmerstraße 10.

POTSDAM

Ref. 160.1
Ref. 160.3
Ref. 160.4
Ref. 160.2
Ref. 160.5
Ref. 160.6

1 Doppelter Lüftungsschlitzring, im Park Sanssouci.

2 H. Behrendt Pasewalk, Platz der Einheit.

3 Komplett Holz, Doppelter Lüftungsschlitzring, im Park Sanssouci.

4 Potsdam, Nansenstraße 21.

5 Potsdam, Zimmerstraße.

6 Quadratisch, Feuerbachstraße.

POTSDAM

Ref. 161.1

Ref. 161.4

Ref. 161.6

Ref. 161.2

Ref. 161.3

Ref. 161.5

1 Mit Scharnier, Nansenstraße 23.

2 WAL, Schloßstraße

3 WAL.

4 Mit Scharnier, Lennestraße 40.

5 Mit Scharnier, vor dem Eingang Park Sanssouci.

6 TGL, Lennestraße.

PRAG (TSCHECHIEN)

162

Ref. 162.1

Ref. 162.4

Ref. 162.7

Ref. 162.2

Ref. 162.5

Ref. 162.8

Ref. 162.3

Ref. 162.6

Ref. 162.9

1 Vier Speichen, acht Lüftungsschlitze, vor dem Hauptbahnhof.

2 Vier Speichen, acht Lüftungsschlitze, vor dem Hauptbahnhof.

3 Vier Speichen, acht Lüftungsschlitze, vor dem Hauptbahnhof.

4 Vier Speichen, acht Lüftungsschlitze, vor dem Hauptbahnhof.

5 Vier Speichen, acht Lüftungsschlitze, vor dem Hauptbahnhof.

6 Vier Speichen, acht Lüftungsschlitze, vor dem Hauptbahnhof.

7 Vier Speichen, acht Lüftungsschlitze, vor dem Hauptbahnhof.

8 Vier Speichen, acht Lüftungsschlitze, vor dem Hauptbahnhof.

9 Vier Speichen, acht Lüftungsschlitze, vor dem Hauptbahnhof.

… PRAG (TSCHECHIEN)

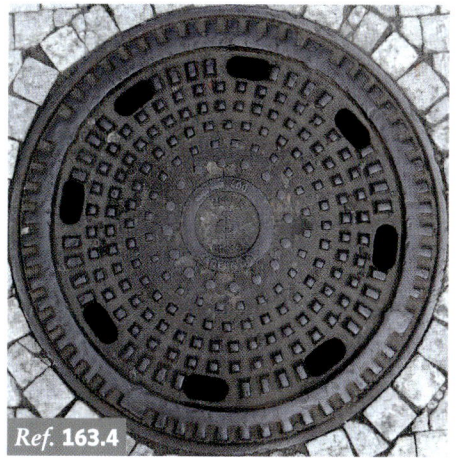

1 Prazska - Kanalisace - 1901.
2 Praha Hlavni Nadrazi.
3 Praha Hlavni Nadrazi.
4 Made in GDR vor dem Altstadtbahnhof.
5 Made in GDR, ungewöhnliche Variante vor dem Altbahnhof.
6 Made in GDR vor dem Altstadtbahnhof.
7 Vier Speichen, acht Lüftungsschlitze, Jerusalemska.
8 Vier Speichen, acht Lüftungsschlitze, U Puscovny.
9 Vier Speichen, acht Lüftungsschlitze, U Puscovny.

PRENZLAU

1 Mit Scharnier, Fribi Werk Prenzlau, Straße an der Stadtmauer 7.

2 Mit Scharnier, HHP Prenzlau, Heinrich Heine Straße 1.

3 Mit Scharnier, HHP Prenzlau, Heinrich Heine Straße 5.

4 Mit Scharnier, HHP Prenzlau, Straße an der Stadtmauer 3.

5 Mit Scharnier, HHP Prenzlau, Heinrich Heine Straße 4.

6 Mit Scharnier, HHP Prenzlau Heinrich Heine Straße 6.

7 Mit Scharnier, Lindenstraße 8.

8 Mit Scharnier, Lindenstraße 7.

9 Mit Scharnier, Lindenstraße 5.

QUIMPER (FRANKREICH)

1. Fondeur Flers Orne Oueruel Lorfeuvre.
2. Fondeur Flers Orne Oueruel Lorfeuvre.
3. Fondeur Flers Orne Oueruel Lorfeuvre.
4. Fonderi du Pas RBA.
5. Fonderi du Pas RBA.
6. Fonderi du Pas RBA
7. Konderi du Pas (C du N).
8. Chappee 51.
9. Fonderi du Pas 22.

QUEDLINBURG

Ref. 166.1	Ref. 166.4	Ref. 166.7
Ref. 166.2	Ref. 166.5	Ref. 166.8
Ref. 166.3	Ref. 166.6	Ref. 166.9

1 Muster.
2 K.
3 Abgewetzt.
4 Muster.
5 Muster.
6 Staedt. Tiefbauamt Quedlinburg.
7 Unleserlich.
8 Tiefbauamt Quedlinburg.
9 Wasserwerk Quedlinburg.

RADEBEUL OST

Ref. 167.1

Ref. 167.4

Ref. 167.6

Ref. 167.2

Ref. 167.3

Ref. 167.5

1. Karl-May-Straße.
2. Nebrunnstraße 4.
3. Schuhmannstraße 5.
4. Nebrunnstraße 8.
5. Schumannstraße 5.
6. Vor dem Kleinbahnbahnhof.

RATHENOW

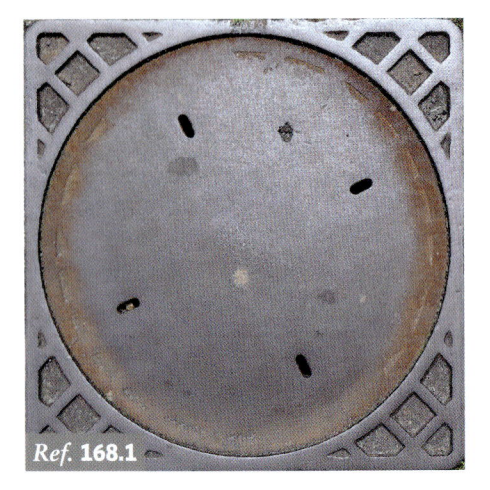

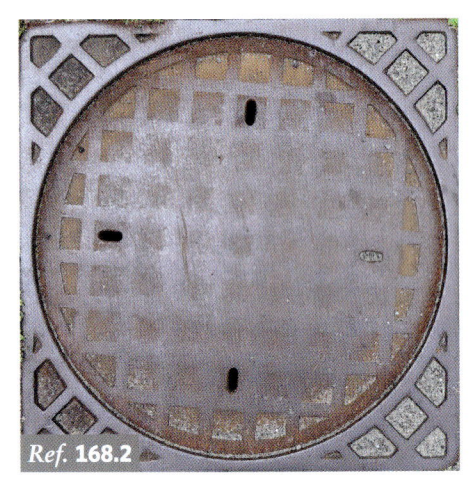

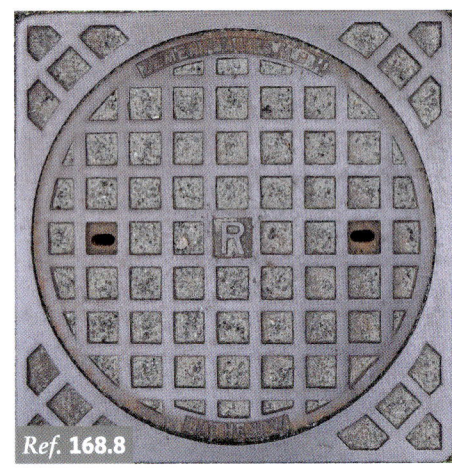

Ref. 168.1

Ref. 168.2

Ref. 168.3

Ref. 168.4

Ref. 168.5

Ref. 168.6

Ref. 168.7

Ref. 168.8

Ref. 168.9

1 Abgewetzt, Fontanestraße.
2 Abgewetzt, vier Öffnungen, Paul Singer Straße.
3 Vier Öffnungen, Ferdinand Lasalle Straße.
4 Gütezeichen Q, Platz der Freiheit.
5 Ferdinand Lasalle Straße.
6 Gütezeichen Q, Platz der Freiheit.
7 WAL.
8 Zementbau GmbH Rathenow, R, zwei Öffnungen, Fontanestraße.
9 Sechs Speichen.

1 Fr. Richter & Co Rathenow, eine Öffnung, Fontanestraße.

2 Fr. Richter & Co.

3 Rathenow.

4 Fr. Richter & Co Rathenow, vier Öffnungen, Karl-Liebknecht-Straße.

5 Fr. Richter & Co Rathenow, vier Öffnungen, Fontanestraße.

6 Vier Öffnungen, Ferdinand Lasalle Straße.

RATHENOW

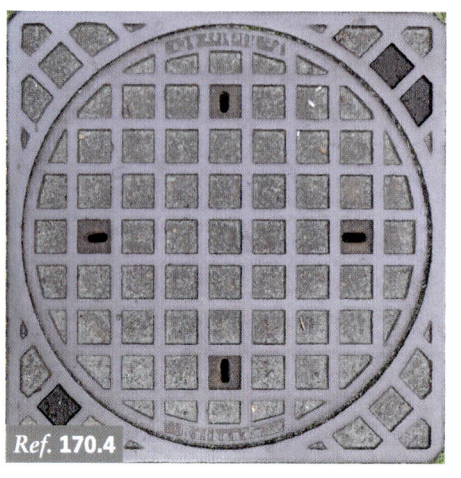

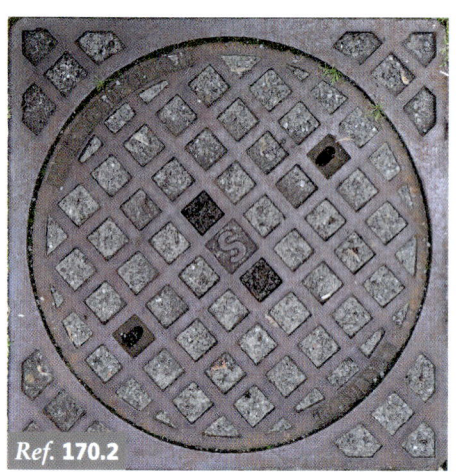

Ref. 170.1

Ref. 170.4

Ref. 170.7

Ref. 170.2

Ref. 170.5

Ref. 170.8

Ref. 170.3

Ref. 170.6

Ref. 170.9

1. Fr. Richter & Co Rathenow, S, zwei Öffnungen, Ferdinand Lasalle Straße.

2. Fr. Richter & Co Rathenow, S, zwei Öffnungen, Fontanestraße.

3. Fr. Richter & Co Rathenow, vier Öffnungen, Ferdinand Lasalle Straße.

4. Fr. Richter & Co Rathenow, vier Öffnungen, Fontanestraße.

5. Fontanestraße.

6. Fr. Richter & Co Rathenow, vier Öffnungen, Rotbuchenallee.

7. Fr. Richter & Co Rathenow, vier Öffnungen, Mitte anders, Fontanestraße.

8. Fr. Richter & Co Rathenow, vier Öffnungen, Mitte anders, Rotbuchenallee.

9. Fr. Richter & Co Rathenow, vier Öffnungen, Mitte anders, Ferdinand Lasalle Straße.

REIMS (FRANKREICH)

Ref. **171.1**
Ref. **171.2**
Ref. **171.3**
Ref. **171.4**
Ref. **171.5**
Ref. **171.6**
Ref. **171.7**
Ref. **171.8**
Ref. **171.9**

1 AC.
2 Ateliers Fonderies de Reims.
3 Muster.
4 Pont-A-Mousson.
5 Pont-A-Mousson.
6 Pont-A-Mousson.
7 System Depard Bt SCDC.
8 Mit Farbe verschmiert.
9 System Depard Bt SCDC.

RONDA (SPANIEN)   172

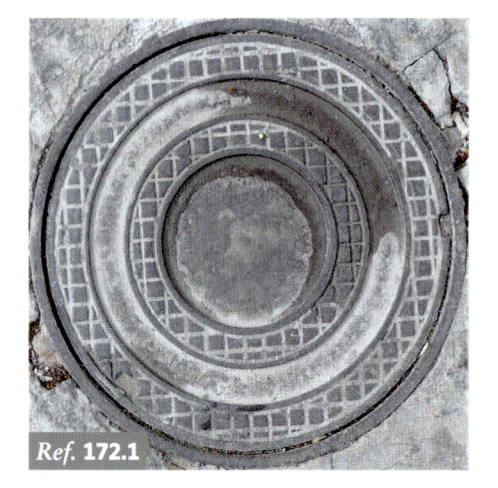

1 Muster.
2 Saneamiento Ronda.
3 Muster.
4 Saneamiento.
5 Aqua.Potable.

ROUEN (FRANKREICH)

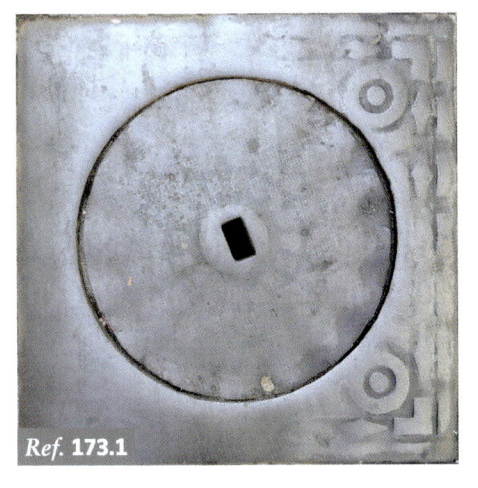

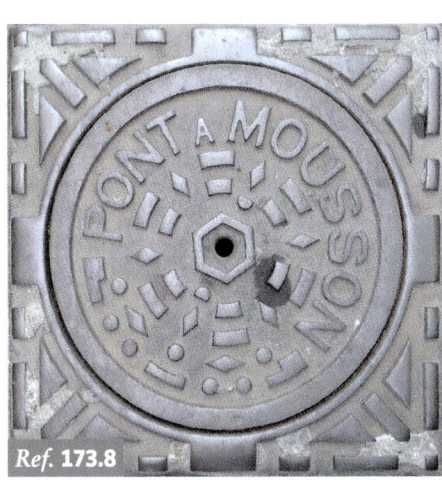

Ref. 173.1

Ref. 173.4

Ref. 173.7

Ref. 173.2

Ref. 173.5

Ref. 173.8

Ref. 173.3

Ref. 173.6

Ref. 173.9

1 Muster.
2 Muster.
3 Muster.
4 Muster.
5 Muster.
6 Muster.
7 Muster.
8 Pont-A-Mousson.
9 Muster.

ROUEN (FRANKREICH) 174

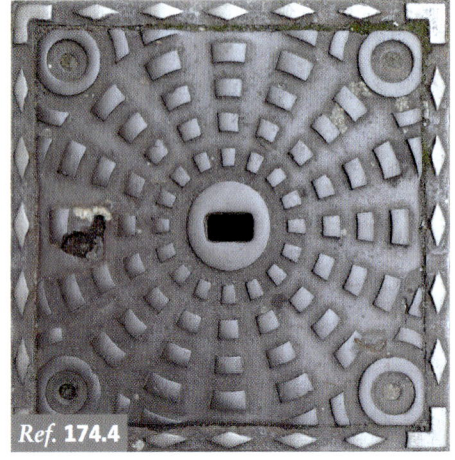

Ref. 174.1	Ref. 174.4	Ref. 174.7
Ref. 174.2	Ref. 174.5	Ref. 174.8
Ref. 174.3	Ref. 174.6	Ref. 174.9

1 Pont-A-Mousson.
2 Pont-A-Mousson.
3 7Pont-A-Mousson.
4 Muster.
5 Muster.
6 Muster.
7 Muster.
8 Muster, blau durchkreutzt.
9 Muster.

SAARBRÜCKEN

1. Mit Scharnier.
2. Mit Scharnier.
3. Mit Scharnier.
4. Mit Scharnier, R.
5. Altes Paar.
6. Mit Scharnier, S.

SAINT MALO (FRANKREICH) 176

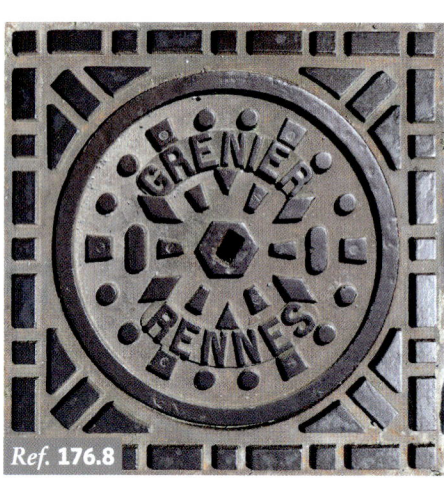

Ref. **176.1**
Ref. **176.2**
Ref. **176.3**
Ref. **176.4**
Ref. **176.5**
Ref. **176.6**
Ref. **176.7**
Ref. **176.8**
Ref. **176.9**

1 A Durenne Maitre de Fo..... Paris.
2 Chantieres Moucin St Malo.
3 Chantieres Moucin St Malo.
4 EAU.
5 Chantieres Moucin St Malo.
6 EAU.
7 Grenier Rennes.
8 Grenier Rennes.
9 Grenier Rennes.

SAINT MALO (FRANKREICH)

Ref. 177.1	 Ref. 177.4	 Ref. 177.7
Ref. 177.2	Ref. 177.5	Ref. 177.8
Ref. 177.3	Ref. 177.6	Ref. 177.9

1 Muster.

2 Muster.

3 Muster.

4 Grenier Rennes.

5 Muster.

6 Grenier Rennes.

7 Pont-A-Mousson.

8 Chappee Le Mans, 8B.

9 Pont-A-Mousson.

SALZWEDEL

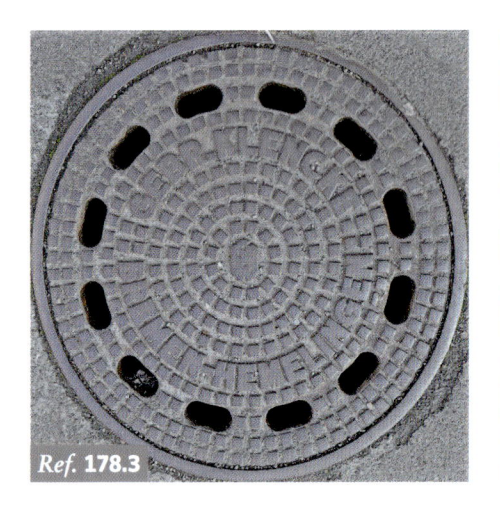

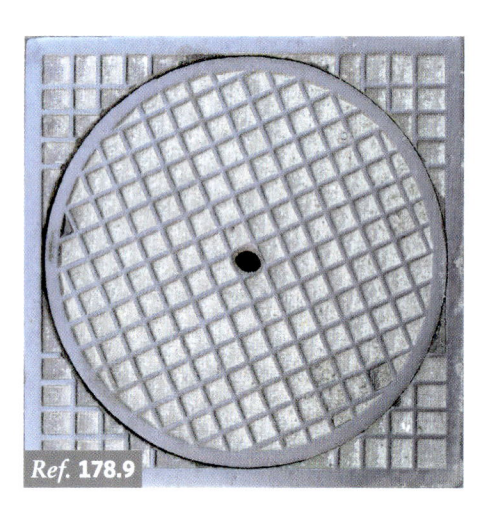

Ref. 178.1	Ref. 178.4	Ref. 178.7
Ref. 178.2	Ref. 178.5	Ref. 178.8
Ref. 178.3	Ref. 178.6	Ref. 178.9

1. Gebr. Klencke Bremen - Hemelingen.
2. Symbole.
3. Gebr. Klencke Bremen - Hemelingen.
4. Bopp & Reuther Mannheim.
5. Regenwasser.
6. Muster.
7. Muster.
8. WAL.
9. Muster.

SASSNITZ

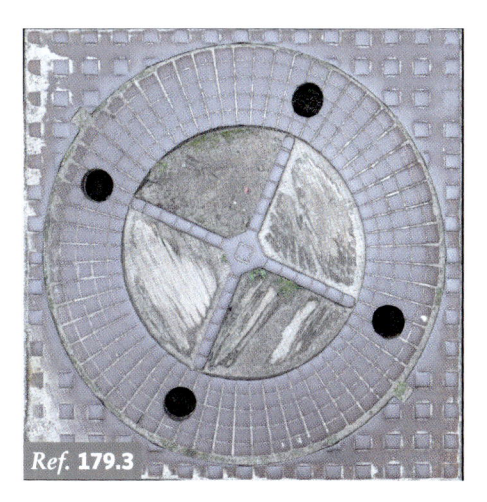

Ref. 179.1 *Ref. 179.4* *Ref. 179.7*
Ref. 179.2 *Ref. 179.5* *Ref. 179.8*
Ref. 179.3 *Ref. 179.6* *Ref. 179.9*

1 Mit Holz, Crampasserstraße 12.

2 Mit Holz, Am Birkenweg 1.

3 Mit Holz, Am Birkenweg 27.

4 Mit Holz, Fischersteig.

5 Mit Holz, David Grove Berlin SW, Am Ufer.

6 Mit Holz, Crampasserstraße 7.

7 Krausewerk GmbH Neusalz (Oder) am Bahnhof.

8 Zerbrochen.

9 Krausewerk GmbH Neusalz (Oder).

SASSNITZ

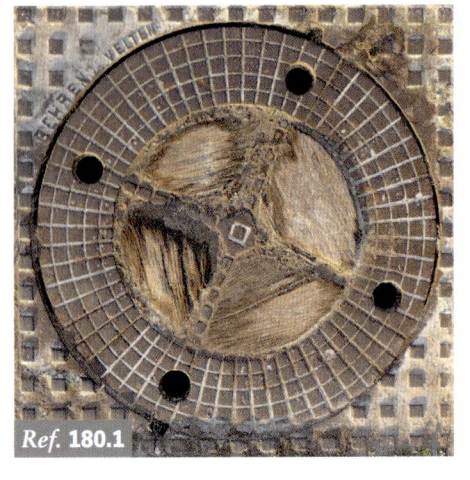

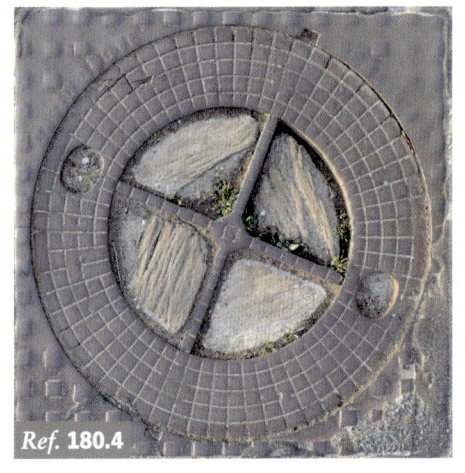

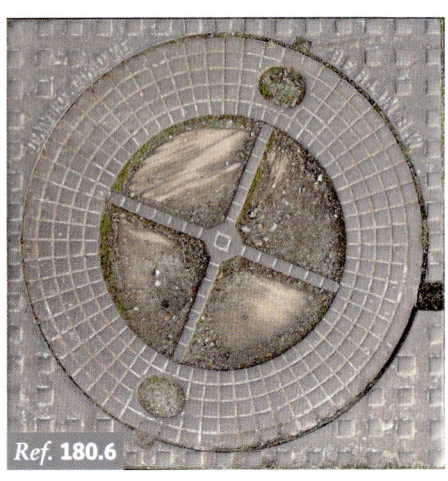

180

Ref. 180.1	Ref. 180.4	Ref. 180.7
Ref. 180.2	Ref. 180.5	Ref. 180.8
Ref. 180.3	Ref. 180.6	Ref. 180.9

1 Behrend Velten, Holz, Steinbachweg.

2 David Grove, Holz, Birkenweg 25.

3 Mit Holz, Am Ufer.

4 David Grove, Holz, Birkenweg 31.

5 David Grove, Holz, Birkenweg 25.

6 David Grove, Holz, Weddingstraße 3.

7 Doppelter Lüftungsschlitzring, Am Hafen.

8 Doppelter Lüftungsschlitzring, Schulstraße.

9 Doppelter Lüftungsschlitzring, mit Holz, Stubbenkammerstraße.

SENFTENBERG

1 E. H. W. Neusalz a. O., vor der Post.

2 E. H. W. Neusalz a. O., vor der Post.

3 Muster hinter dem Theater.

4 Muster vor der Post.

5 K, Maschinenfabrik & Eisengiesserei Senftenberg N-L, vor dem Theater.

6 Muster vor der Post.

SENFTENBERG

Ref. 182.1

Ref. 182.3

Ref. 182.4

Ref. 182.2

Ref. 182.5

Ref. 182.6

1 WAL hinter dem Theater.

2 HAWIL Gmbh H & A Wilhelmi 4130 MOERS, Marktplatz.

3 WAL hinter dem Theater.

4 WAL hinter dem Theater.

5 Muster, Güterbahnhofstraße.

6 Muster, Güterbahnhofstraße.

SEVILLA (SPANIEN)

Ref. 183.1
Ref. 183.4
Ref. 183.7
Ref. 183.2
Ref. 183.5
Ref. 183.8
Ref. 183.3
Ref. 183.6
Ref. 183.9

1. Fundicion de Hierro Sevilla, Operativa Obrera Metalurcace.
2. No&Do Prida Sevilla, Saneamiento.
3. Muster.
4. Sevilla Prida.
5. Muster.
6. Sevilla Prida.
7. No&Do Saneamiento.
8. No&Do Saneamiento.
9. No&Do Saneamiento.

SEVILLA (SPANIEN)

1 No&Do Prida Sevilla, Saneamiento.

2 Prida Sevilla.

3 Muster.

4 Prida Sevilla.

5 Muster.

6 Muster.

7 Triano Y Cia SA Sevilla.

8 No&Do Aguas Incendios.

9 Muster.

SLUBICE (POLEN)

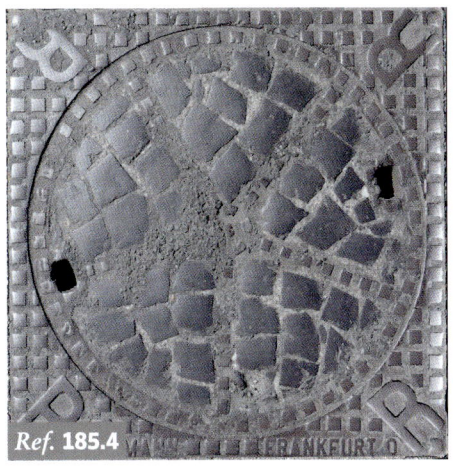

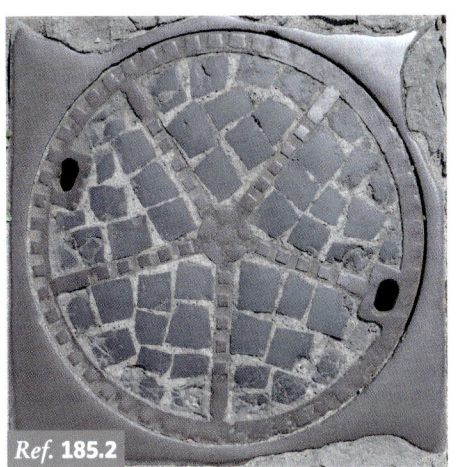

Ref. 185.1	Ref. 185.4	Ref. 185.7
Ref. 185.2	Ref. 185.5	Ref. 185.8
Ref. 185.3	Ref. 185.6	Ref. 185.9

1 Fünf Speichen, mit Steinen verfüllt.

2 Fünf Speichen zerstört, mit Steinen verfüllt.

3 Fünf Speichen, mit Steinen verfüllt.

4 Fünf Speichen, mit Steinen verfüllt, R.

5 Fünf Speichen, mit Steinen verfüllt, R.

6 Fünf Speichen, mit Steinen verfüllt, R.

7 Fünf Speichen, mit Steinen verfüllt, S.

8 Fünf Speichen, mit Steinen verfüllt, S.

9 Fünf Speichen, mit Steinen verfüllt, S.

SLUBICE (POLEN)

Ref. 186.1
Ref. 186.2
Ref. 186.3
Ref. 186.4
Ref. 186.5
Ref. 186.6
Ref. 186.7
Ref. 186.8
Ref. 186.9

1. Fünf Speichen, mit Steinen verfüllt.
2. Fünf Speichen, mit Steinen verfüllt.
3. Fünf Speichen, mit Steinen verfüllt.
4. Kanalbauamt Frankfurt a.O. Carmin Neumann.
5. Kanalbauamt Frankfurt a.O. Carmin Neumann.
6. Kanalbauamt Frankfurt a.O. Carmin Neumann.
7. Eisenhütte Neusalz.
8. Vier Speichen, mit Steinen verfüllt, R in der Mitte.
9. Vier Speichen, mit Steinen verfüllt, S in der Mitte.

STENDAL

Ref. 187.1

Ref. 187.4

Ref. 187.6

Ref. 187.2

Ref. 187.3

Ref. 187.5

1. Kanalisation Stendal, unleserlich.
2. Budde Goehde Eberswalde.
3. Gütezeichen Q 1.
4. Karl Geiger Kanalisation System Geiger Stendal.
5. Kanalisation Stendal.
6. Kanalisation Stendal, unleserlich.

STUTTGART

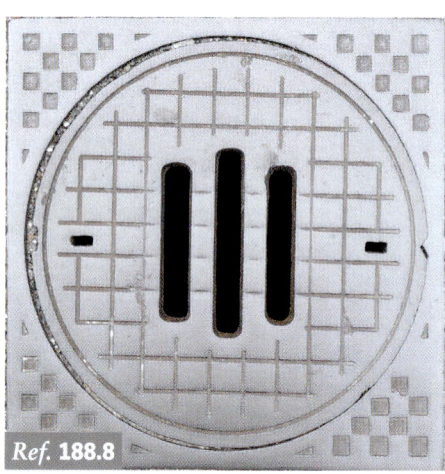

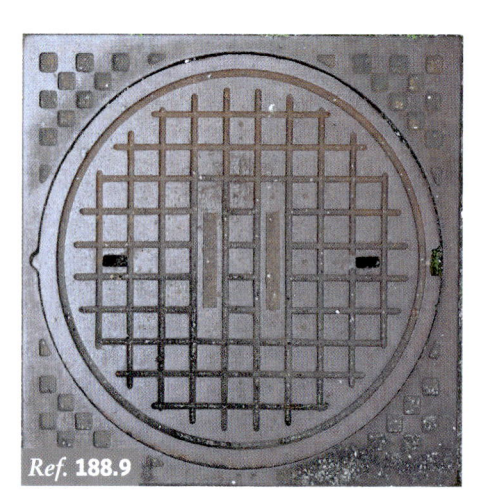

1 40 Stuttgart Bad Cannstatt, nahe Bahnhof.

2 1900 Stuttgart vor der Galerie.

3 1901 Stuttgart, Böblinger Straße.

4 1903 Stuttgart Böblinger Straße.

5 1916 K Hüttenwerk Wasseralfingen, am Bahnhof Stuttgart.

6 Mit Scharnier am Bahnhof Stuttgart.

7 Canalbau M Streicher, Cannstatt.

8 Muster.

9 Muster.

SWINOUJSCIE (POLEN)

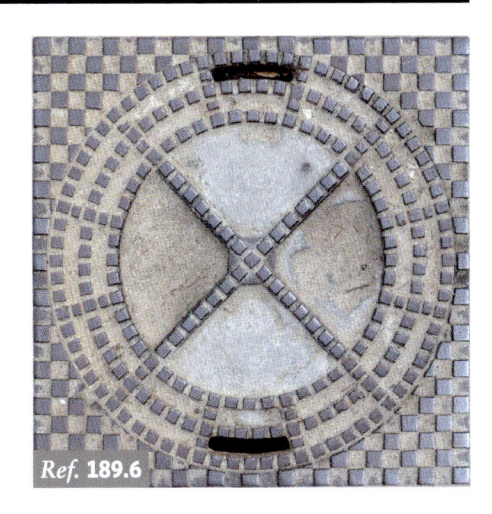

Ref. 189.1

Ref. 189.4

Ref. 189.6

Ref. 189.2

Ref. 189.3

Ref. 189.5

1 Stern.

2 Stern.

3 Canalisation von Rixdorf.

4 Doppelter Lüftungsschlitzring vor dem West Baltic.

5 Mahrwerft. A.G. Swinemünde.
Foto: Rolf Quaas

6 Doppelter Lüftungsschlitzring.

SWINOUJSCIE (POLEN)

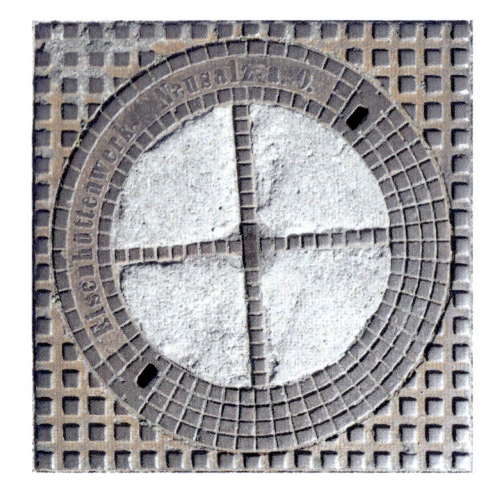

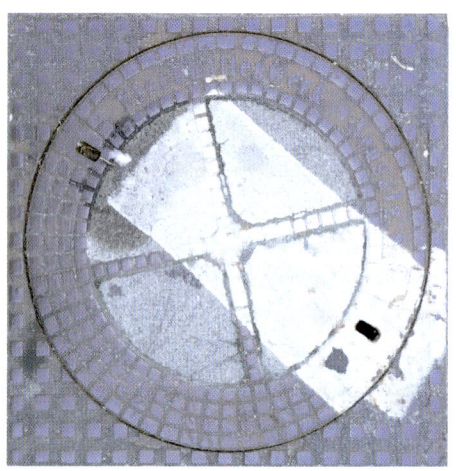

1 Eisenhüttenwerk Neusalz a. O.

2 Eisenhüttenwerk Neusalz a. O.

3 Eisenhüttenwerk Neusalz a. O.

4 Doppelter Lüftungschlitzring, mit Steinen verfüllt.

5 Eisenhüttenwerk Neusalz a. O.

6 Muster, Ul Stefana Zermomskiego.

TBLISSI / TIFLIS (GEORGIEN)

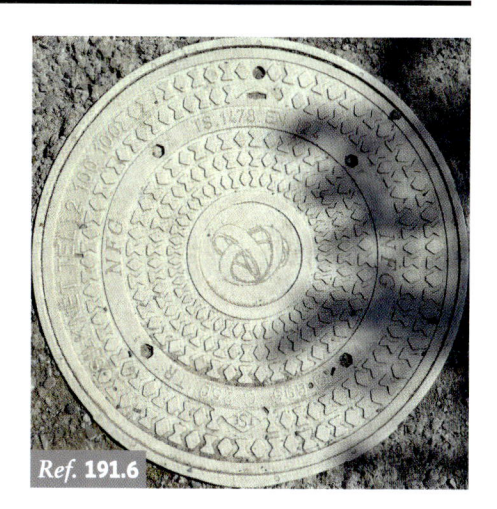

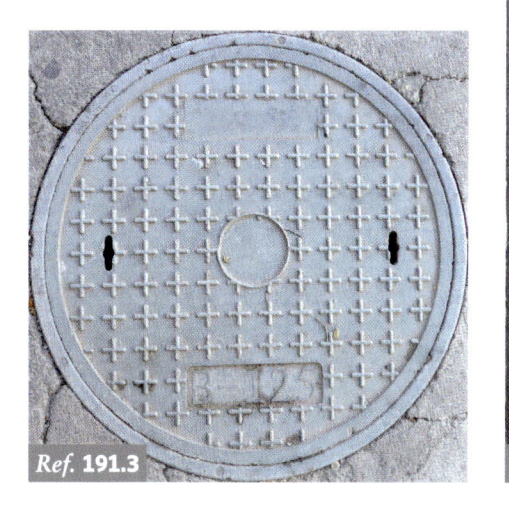

Ref. 191.1
Ref. 191.4
Ref. 191.6
Ref. 191.2
Ref. 191.5
Ref. 191.3

1 GTS.
2 GTS.
3 B 125.
4 IGS.
5 Old Tbilisi.
6 NFG Silknet Tel: 2 100 100.

Fotos: Dr. Philipp Dyck

TEMPLIN

1 Eisenhammer Dresden, Dagersdorfer Straße 4.

2 Eisenhammer Dresden, Dagersdorfer Straße 6.

3 H. Hoffmann, am Bahnhof Templin Stadt.

4 WAL DDR GM, Templin Förderschule, Dagersdorfer Straße 11.

5 S in der Mitte, Templin Dagersdorfer Straße.

6 WAL DDR GM, Templin, an der Stadtmauer.

TRIER

Ref. 193.1
Ref. 193.2
Ref. 193.3
Ref. 193.4
Ref. 193.5
Ref. 193.6

1 Stadt Trier 1901.
2 Stadt Trier 1902.
3 Stadt Trier 19--.
4 Muster.
5 Muster.
6 Muster.

VANNES (FRANKREICH) 194

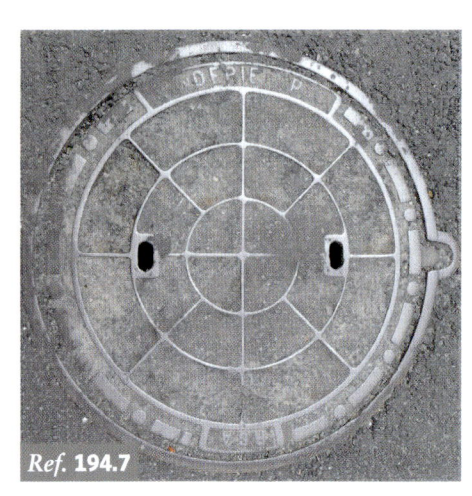

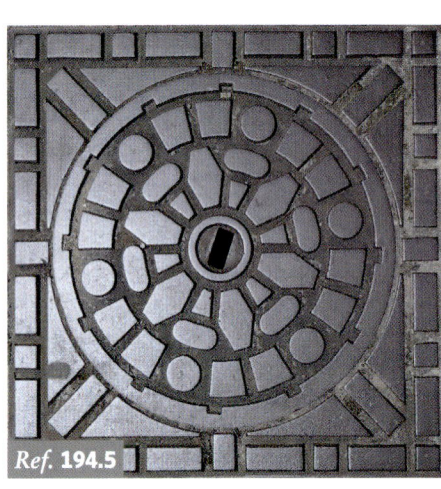

Ref. 194.1 *Ref. 194.4* *Ref. 194.7*
Ref. 194.2 *Ref. 194.5* *Ref. 194.8*
Ref. 194.3 *Ref. 194.6* *Ref. 194.9*

1 Fonderie du Pas.
2 Ailleurs aufgesprüht.
3 Muster.
4 Muster.
5 Muster.
6 Muster.
7 Fonderie du Pas.
8 Shappee le Mans.
9 Fonderie du Pas.

VERNAZZA (ITALIEN)

Ref. 195.1
Ref. 195.2
Ref. 195.3
Ref. 195.4
Ref. 195.5
Ref. 195.6

1 Comune di Vernazza.
2 Comune di Vernazza.
3 Comune di Vernazza.
4 Fonderia Allegr.....
5 Fonderie di Foggia, Made in Italy.
6 Potable Acoua.

WEIMAR

Ref. 196.1
Ref. 196.2
Ref. 196.3
Ref. 196.4
Ref. 196.5
Ref. 196.6
Ref. 196.7
Ref. 196.8
Ref. 196.9

1 Muster.
2 Muster.
3 Muster.
4 Rub Bocking & Co Hallbergerhütte.
5 H. Sorge Vieselbach Eisengiesserei Weimar.
6 Windrose.
7 Stadt Weimar.
8 Stadt Weimar.
9 Stadt Weimar.

WEIMAR

Ref. 197.1	Ref. 197.4	Ref. 197.7
Ref. 197.2	Ref. 197.5	Ref. 197.8
Ref. 197.3	Ref. 197.6	Ref. 197.9

1 1890 Canalbau Weimar.
2 1898 Canalbau Weimar.
3 1898 Canalbau Weimar.
4 1902 Canalbau Weimar.
5 Ragt zu weit raus, Brauhausgasse.
6 Abgewetzt.
7 Muster.
8 Muster.
9 Muster.

WEIMAR

198

Ref. 198.1

Ref. 198.3

Ref. 198.4

Ref. 198.2

Ref. 198.5

Ref. 198.6

1 Stadt Weimar.
2 Ovale Kunst Weimar, auf dem Marktplatz.
3 Stadt Weimar.
4 Abgewetzt.
5 Muster.
6 Stadt Weimar.

WERNIGERODE

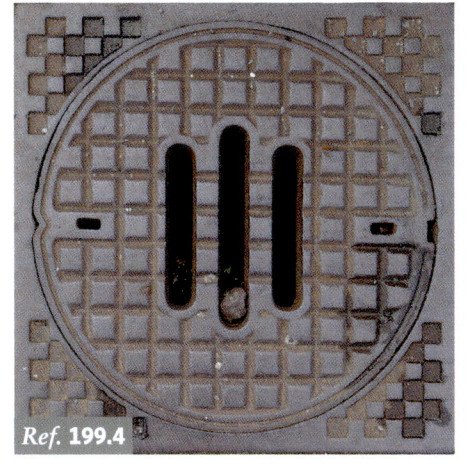

Ref. 199.1	Ref. 199.4	Ref. 199.7
Ref. 199.2	Ref. 199.5	Ref. 199.8
Ref. 199.3	Ref. 199.6	Ref. 199.9

1 Muster.

2 Muster.

3 Muster.

4 Fünf Lüftungsschlitze.

5 Fünf Lüftungsschlitze.

6 Fünf Lüftungsschlitze.

7 Muster.

8 Fünf Lüftungsschlitze.

9 Muster.

WIEN (ÖSTERREICH)

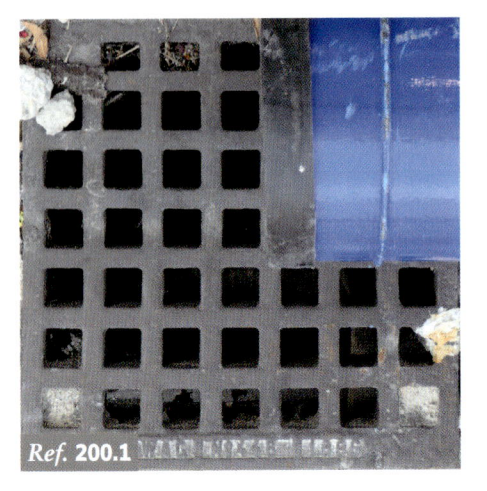

1. 1896 MWAG, mit Scharnier, 45 Öffnungen, am Karmelitermarkt.
2. 1896 MWAG, mit Scharnier, 45 Öffnungen, am Karmelitermarkt.
3. 1896 MWAG, mit Scharnier, 45 Öffnungen, am Karmelitermarkt.
4. 1899 mit Scharnier, 47 Öffnungen, im Prater.
5. 1900 mit Scharnier, 47 Öffnungen, im Prater.
6. 1900 mit Scharnier, 62 Öffnungen, am Hundertwassermuseum, Dianagasse.
7. 1901 mit Scharnier, 47 Öffnungen, im Prater.
8. 1904 mit Scharnier, 47 Öffnungen, im Prater.
9. Act. Ges. R. PH. Waagner Wien 1905, mit Scharnier, 47 Öffnungen, am Getreidemarkt.

WIEN (ÖSTERREICH)

Ref. 201.1
Ref. 201.2
Ref. 201.3
Ref. 201.4
Ref. 201.5
Ref. 201.6

1. Akt.- Ges. Waagner, Biro, Kurz, Wien 1906, mit Scharnier, 47 Öffnungen.

2. Akt.- Ges. Waagner, Biro, Kurz, Wien 1908, mit Scharnier, 47 Öffnungen, Dianagasse.

3. A.G. Waagner, Biro, Kurz, 1922, mit Scharnier, 47 Öffnungen.

4. Arsenal Wien X 1927, mit Scharnier, 47 Öffnungen.

5. Einstieg zum „Der dritte Mann" - Film von 1948.

6. 1932, Untere Weisgerber Straße 3.

WIEN (ÖSTERREICH)   202

Ref. 202.1 *Ref. 202.4* *Ref. 202.7*

Ref. 202.2 *Ref. 202.5* *Ref. 202.8*

Ref. 202.3 *Ref. 202.6* *Ref. 202.9*

1 W. Gelsinger Pastree, Wien Simmering 1947, mit Scharnier, 60 Öffnungen, im Prater.

2 Wallner - Neubert, Wien 1951, mit Scharnier, 47 Öffnungen, im Prater.

3 Wallner - Neubert, Wien 1957, mit Scharnier, im Prater.

4 WBAG 1963, mit Scharnier, 60 Öffnungen, im Prater.

5 Rotenkreuzgasse.

6 G. Weis Wien 1969, Vollmetall am Rathausplatz.

7 40T Wallner & Neubert 1977, mit Scharnier, 80 Öffnungen, Schrift oben.

8 400 KN Wallner & Neubert 1985, mit Scharnier, 80 Öffnungen, Schrift oben, Untere Weisgerber Straße.

9 WN 600 KN 1988, mit Scharnier, 52 Öffnungen, Obere Donaustraße.

WILDAU

Ref. 203.1
Ref. 203.3
Ref. 203.5
Ref. 203.2
Ref. 203.3
Ref. 203.4

1. Budde & Goehde Berlin S, Doppelter Lüftungsschlitzring.
2. Budde & Goehde Berlin S, Doppelter Lüftungsschlitzring.
3. Eisenhammer Dresden.
4. Eisenhammer Dresden.
5. Budde & Goehde Berlin S, Doppelter Lüftungsschlitzring.
6. Zwei Budde & Goehde.

WITTENBERG (LUTHERSTADT)

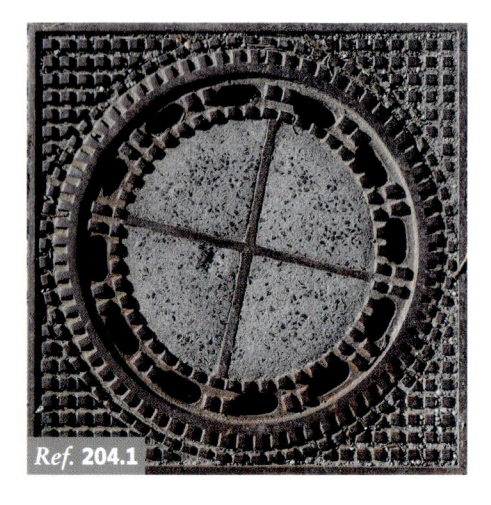

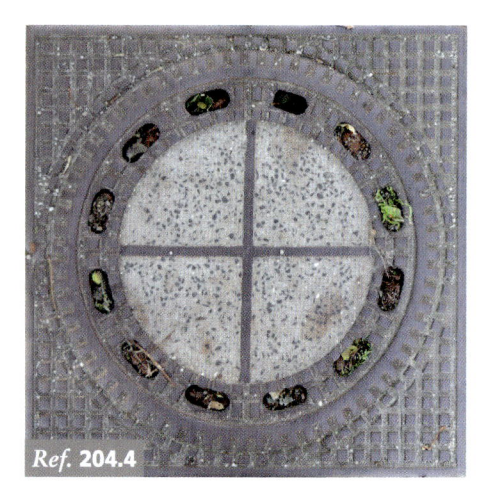

204

Ref. 204.1

Ref. 204.3

Ref. 204.4

Ref. 204.2

Ref. 204.5

Ref. 204.6

1 Lutherstraße.

2 Auf einem Firmengelände an der Bahnhofstraße.

3 Lutherstraße.

4 Lutherstraße.

5 Made in GDR, Lutherstraße.

6 Lutherstraße.

WITTENBERGE

Ref. 205.1

Ref. 205.4

Ref. 205.6

Ref. 205.2

Ref. 205.3

Ref. 205.5

1. Budde & Goehde mit Holz, Friedrich-Ebert-Straße 10.
2. Budde & Goehde mit Holz, Friedrich-Ebert-Straße 10.
3. Budde & Goehde mit Holz, Friedrich-Ebert-Straße 17.
4. Budde & Goehde mit Holz, Friedrich-Ebert-Straße 17.
5. Budde & Goehde mit Holz, Friedrich-Ebert-Straße 7.
6. Ein Paar Budde & Goehde mit Holz, Friedrich-Ebert-Straße.

WROCLAW (POLEN)

Ref. 206.1

Ref. 206.3

Ref. 206.4

Ref. 206.2

Ref. 206.5

Ref. 206.6

1 Stern und Muster.
2 Stern und Muster.
3 S.
4 Vier Lüftungsschlitze.
5 Stern und Muster.
6 Abgewetzt.

WROCLAW (POLEN)

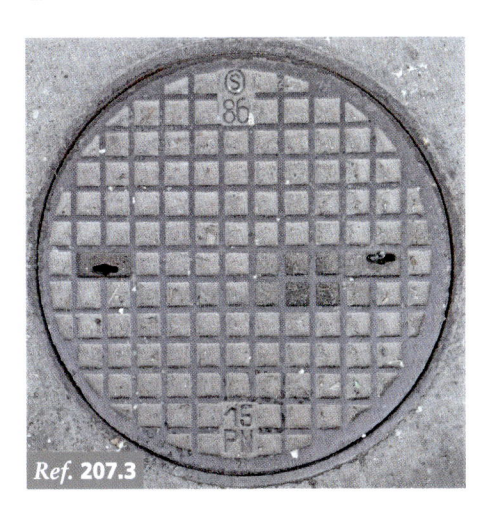

Ref. 207.1
Ref. 207.2
Ref. 207.3
Ref. 207.4
Ref. 207.5
Ref. 207.6

1 Muster 85.
2 Vier Lüftungsschlitze.
3 Muster 86.
4 Zwei Lüftungsschlitze.
5 S.
6 S.

WÜRZBURG

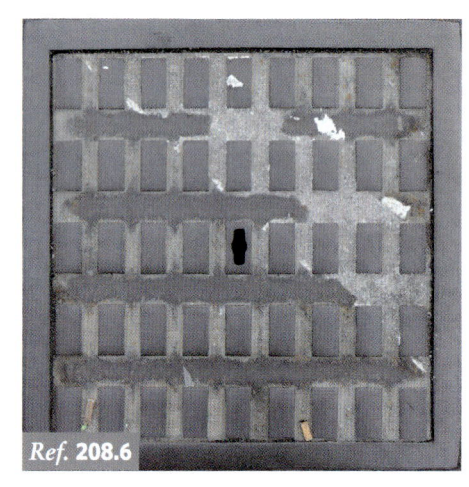

208

Ref. **208.1** *Ref.* **208.4** *Ref.* **208.7**
Ref. **208.2** *Ref.* **208.5** *Ref.* **208.8**
Ref. **208.3** *Ref.* **208.6** *Ref.* **208.9**

1. Angeblich der älteste Kanaldeckel in der Theaterstraße, aus der Zeit zwischen 1874 und 1881.
2. Bohn & Herber Wuerzburg.
3. Bohn & Herber Wuerzburg.
4. Mit Scharnier.
5. Muster.
6. Am Bahnhof.
7. Bohn & Herber Wuerzburg.
8. Mit Scharnier.
9. Muster.

WURZEN

Ref. 209.1
Ref. 209.4
Ref. 209.6
Ref. 209.2
Ref. 209.3
Ref. 209.5

1 Muster, rund.
2 Muster, rund.
3 Muster, vieleckig.
4 Muster, vieleckig.
5 R. Klinkhardt, Wurzen /S.
6 Muster, vieleckig.

ZEITZ

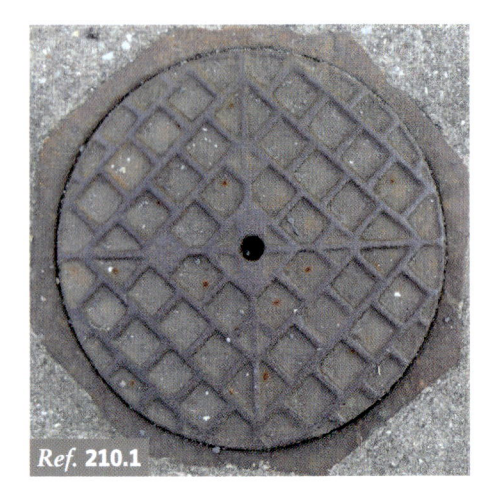

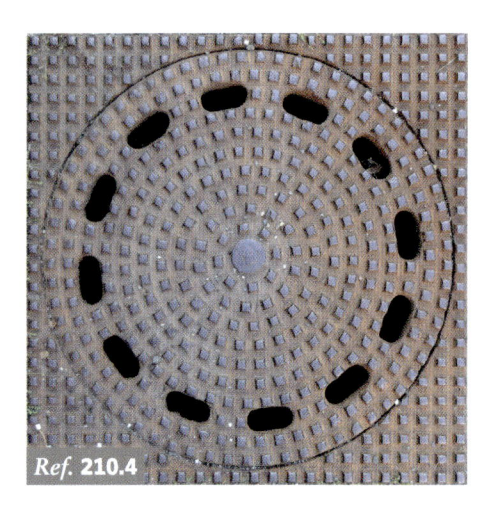

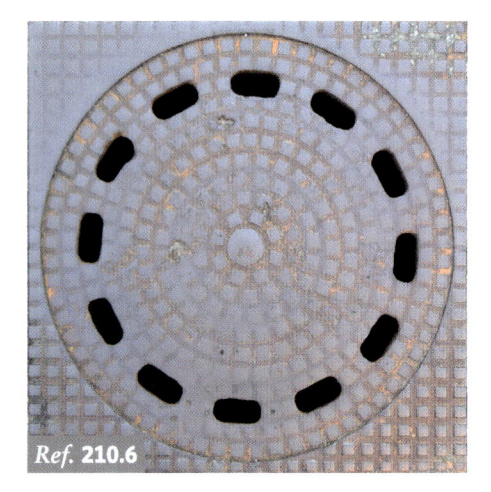

1 Achteck, Stiftsweg.
2 Achteck, Stiftsweg.
3 12 Lüftungsöffnungen, Stiftsberg..
4 12 Lüftungsöffnungen, Am Brühl.
5 Baustelle Albrechtstraße.
6 12 Lüftungsöffnungen, Stiftsberg.

ZWICKAU

Ref. 211.1
Ref. 211.4
Ref. 211.7
Ref. 211.2
Ref. 211.5
Ref. 211.8
Ref. 211.3
Ref. 211.6
Ref. 211.9

1 Zwölf-Eck, Domhof.
2 Zwölf-Eck, Domhof.
3 Zwölf-Eck, Domhof.
4 Postplatz.
5 Bahnhofsvorplatz Zwickau.
6 Bahnhofsvorplatz Zwickau.
7 K, Bahnhofsvorplatz Zwickau.
8 K, Bahnhofsvorplatz Zwickau.
9 K, Bahnhofsvorplatz Zwickau.

ZWICKAU

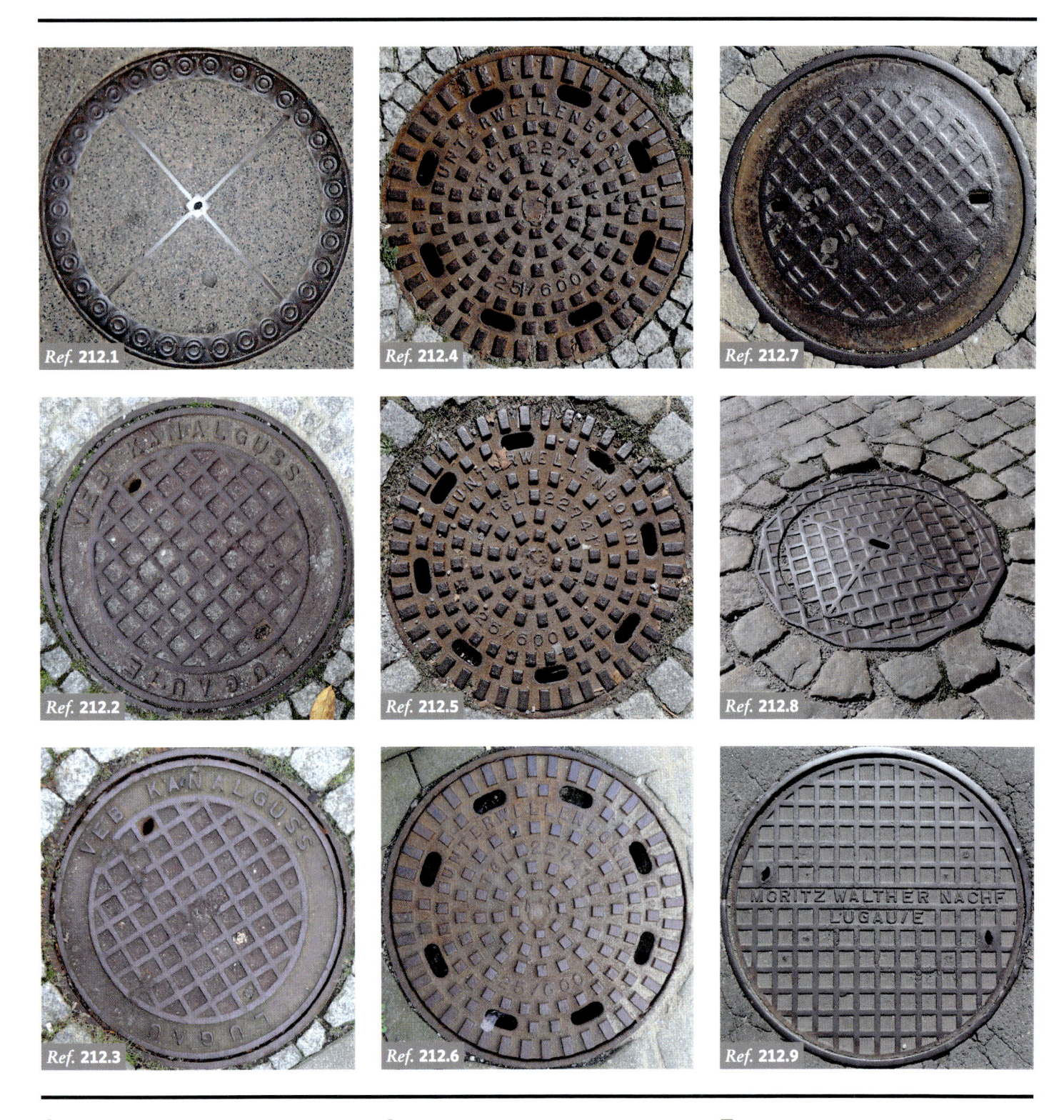

Ref. 212.1
Ref. 212.4
Ref. 212.7
Ref. 212.2
Ref. 212.5
Ref. 212.8
Ref. 212.3
Ref. 212.6
Ref. 212.9

1 Im Bahnhofsgebäude.

2 VEB Kanalguss Lugau / E, Alter Steinweg.

3 VEB Kanalguss Lugau / E, Alter Steinweg.

4 Unterwellenborn, Alter Steinweg.

5 Unterwellenborn, Alter Steinweg.

6 Unterwellenborn, Katharinenstraße.

7 Muster, vor dem Busbahnhof.

8 Am Domplatz.

9 Moritz Walther Nachf. Lugau / E, Nicolaistraße.

MOTIVKANALDECKEL MIT STADTWAPPEN

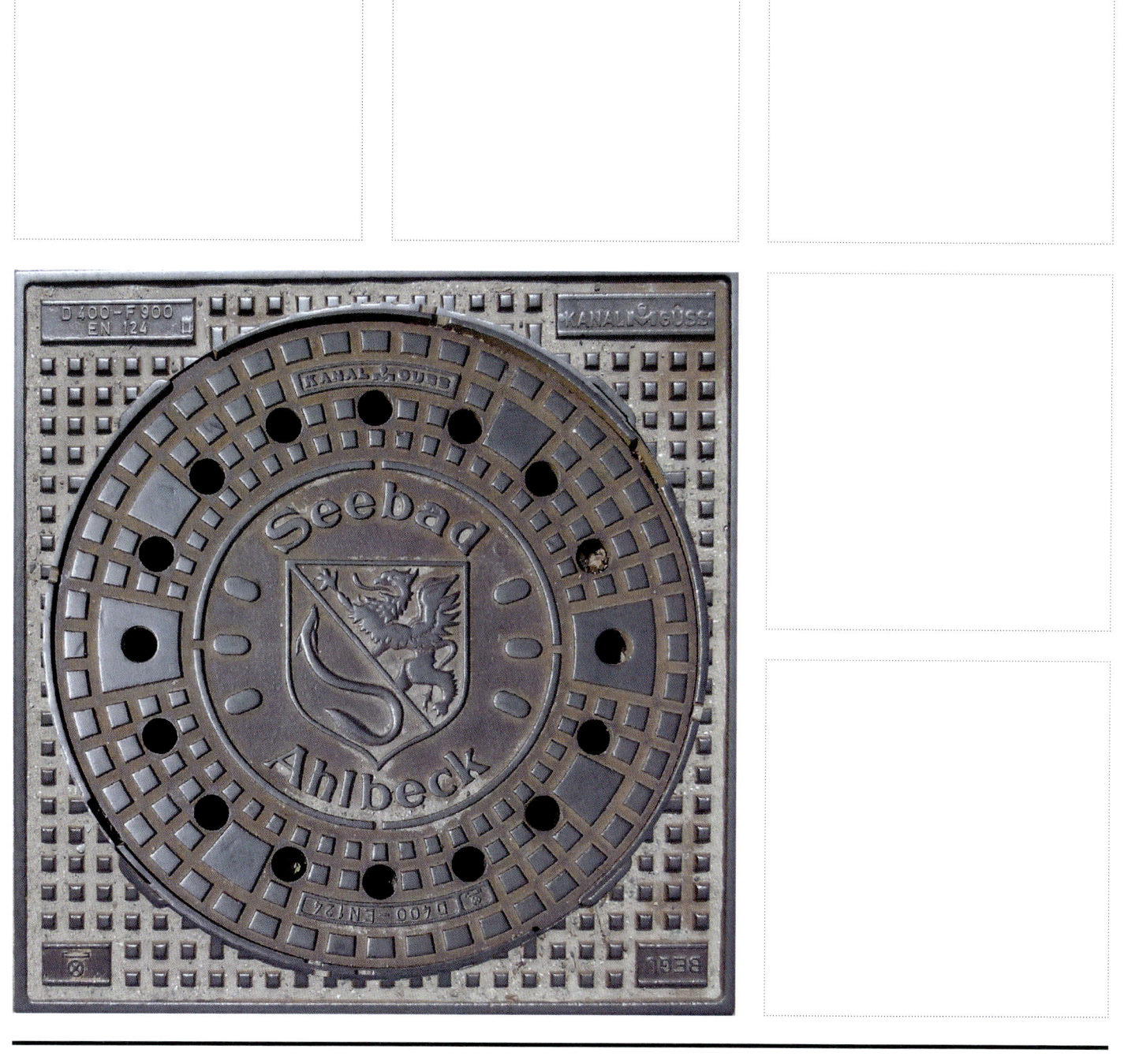

1 In vielen Städten und Orten liegen Kanaldeckel mit Wappen und anderen Motiven. Diese Schmuckelemente befinden sich meistens auf einem Standarddeckel.
Es folgt eine (unvollständige) Sammlung von ihnen in alphabetischer Reihenfolge. Die meisten von ihnen sind nicht älter als 25 Jahre. Also sind sie eigentlich zu „neu" für meine Sammlung alter Kanaldeckel.

MOTIVKANALDECKEL MIT STADTWAPPEN

216

1 Seebad Ahlbeck, rund.

2 Allinge-Sandvig Dänemark,
Foto: Reinhard Weise.

3 Freistaat Thüringen, Stadt Apolda.

4 Arnstadt, Ältester Ort Thüringens,
Foto: Olaf Hoffmann.

5 Augsburg.

6 Stadt Bad Freienwalde.

7 Stadt Bad Langensalza.

8 Bad Saarow, WAS Scharmützelsee,
Foto: Rolf Quaas.

9 Stadt Bautzen Abwassersystem.

MOTIVKANALDECKEL MIT STADTWAPPEN

1 Bayern.

2 Beeskow WAZV.

3 Beeskow, Landkreis Oder-Spree.

4 Beeskow, Landkreis Oder-Spree, andere Variante.

5 Bergen, Norwegen, Foto: Barbara Rau.

6 Bergen, Norwegen, Foto: Barbara Rau.

7 Berlin, Einstieg zur Freiheit, Neue Grünstraße 17, Berlin Mitte.

8 Berlin, Friedenstaube auf EN 124, Stargarder Ecke Schliemannstraße.

9 Berlin, Wappen, Berliner Wasserbetriebe.

MOTIVKANALDECKEL MIT STADTWAPPEN

1 Berlin, Pilomat, Maybachufer.

2 Berlin, Union, Kanaldeckel auf dem Gelände des Stadions an der Wuhlheide.

3 Berlin, 750 Jahre Berlin, vor dem Rathaus Schöneberg.

4 Berlin, Wappen, Berliner Wasserbetriebe, Rund.

5 Berliner Bär, Wildenbruchstraße 29, Treptow.

6 Bilbao, Spanien.

7 Bilbao, Spanien.

8 Stadt Boppard 1989.

9 Kanalwerke, Stadt Boppard.

MOTIVKANALDECKEL MIT STADTWAPPEN

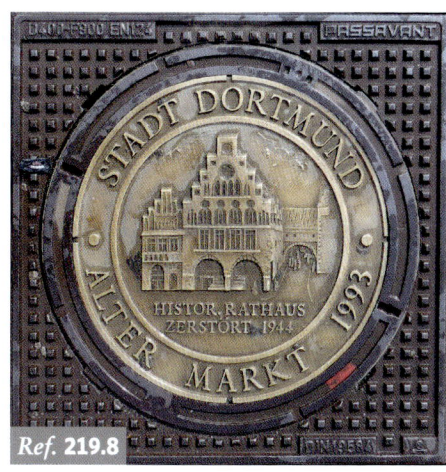

Ref. 219.1
Ref. 219.2
Ref. 219.3
Ref. 219.4
Ref. 219.5
Ref. 219.6
Ref. 219.7
Ref. 219.8
Ref. 219.9

1 Boppard, Imperii Bobardia Opidum Romani.

2 Brandenburg.

3 Brandenburg an der Havel.

4 Cadiz, Spanien, Talleres Manzano S. Juan de Dios 27 Cadiz.

5 Coburg, Der Kopf des heiligen Mauritius.

6 Cordoba, Spanien.

7 Dortmund, 450 Jahre Buchdruck.

8 Stadt Dortmund, Alter Markt 1993.

9 Stadt Dortmund, Ansicht St Reinoldi bis 1943.

MOTIVKANALDECKEL MIT STADTWAPPEN

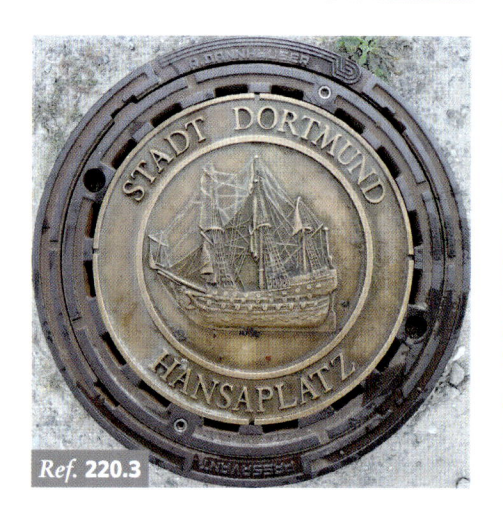

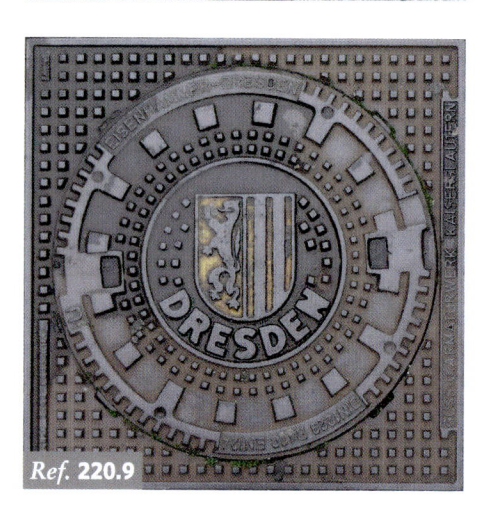

Ref. 220.1
Ref. 220.4
Ref. 220.7
Ref. 220.2
Ref. 220.5
Ref. 220.8
Ref. 220.3
Ref. 220.6
Ref. 220.9

1. Dortmund, Das neue Tor zu Dortmund.
2. Stadt Dortmund, Friedensplatz 1998.
3. Stadt Dortmund, Hansaplatz.
4. Landeshauptstadt Dresden.
5. Landeshauptstadt Dresden, 16 Lüftungsöffnungen.
6. Landeshauptstadt Dresden zwei Lüftungsöffnungen.
7. Landeshauptstadt Dresden, zwei Lüftungsöffnungen. andere Form,
8. Landeshauptstadt Dresden, 16 Lüftungsöffnungen.
9. Dresden, fette Schrift.

MOTIVKANALDECKEL MIT STADTWAPPEN

Ref. 221.1
Ref. 221.2
Ref. 221.3
Ref. 221.4
Ref. 221.5
Ref. 221.6
Ref. 221.7
Ref. 221.8
Ref. 221.9

1 Landeshauptstadt Düsseldorf.
  Foto: Wolfgang May.

2 Landeshauptstadt Erfurt.

3 Landeshauptstadt Erfurt, rund.

4 Stadt Falkensee.

5 Falster, Dänemark,
  Foto: Reinhard Weise.

6 Figueres, Spanien,
  Die Stadt mit dem Dali-Museum.

7 Brandenburg liegt in
  Finsterwalde.

8 Brandenburg liegt in
  Finsterwalde.

9 Frankfurt / Oder, 2003 - 750 Jahre.

MOTIVKANALDECKEL MIT STADTWAPPEN

222

Ref. 222.1

Ref. 222.2

Ref. 222.3

Ref. 222.4

Ref. 222.5

Ref. 222.6

Ref. 222.7

Ref. 222.8

Ref. 222.9

1 Kanalisation Freiburg i. Br.

2 Freital, 16 Lüftungsöffnungen.

3 Freital, 14 Lüftungsöffnungen.

4 Freyburg, Historischer Stadtbrunnen, Sanierung 1996.

5 Furnes, Norwegen, Foto: Regina Franck.

6 750-Jahr-Feier Fürstenberg (Oder), 2005.

7 Fürstenberg, Landkreis Oder-Spree.

8 Stadt Fürth, 14 Lüftungsöffnungen.

9 Stadt Fürth, 4 Lüftungsöffnungen.

MOTIVKANALDECKEL MIT STADTWAPPEN

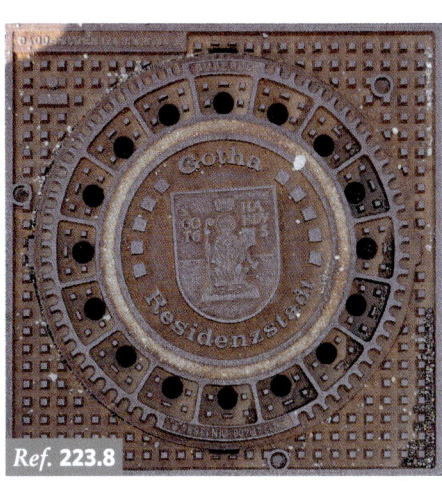

Ref. 223.1 | *Ref. 223.4* | *Ref. 223.7*
Ref. 223.2 | *Ref. 223.5* | *Ref. 223.8*
Ref. 223.3 | *Ref. 223.6* | *Ref. 223.9*

1 Gdansk, Polen, Foto: Matthias Rau.

2 Gedser, Dänemark, Foto: Reinhard Weise.

3 Girona Spanien.

4 Stadtwerke Görlitz AG.

5 Stadtwerke Görlitz AG, ohne Lüftungsöffnungen.

6 Goslar, Pferd.

7 Stadt Goslar, Adler.

8 Gotha, Residenzstadt.

9 Gotha, Leinakanal, 1369.

MOTIVKANALDECKEL MIT STADTWAPPEN

224

Ref. 224.1 *Ref. 224.4* *Ref. 224.7*
Ref. 224.2 *Ref. 224.5* *Ref. 224.8*
Ref. 224.3 *Ref. 224.6* *Ref. 224.9*

1. Gotha, Stiftung Thüringer Schlösser und Gärten.
2. Gotha, Residenzstadt.
3. Stadt Graz, Österreich, Foto: Jakob Paubel.
4. Greifswald, Universitäts- und Hansestadt.
5. Stadt Güstrow, Foto: Rolf Quaas.
6. Kanalisation der Stadt Halberstadt.
7. Stadtwerke Halle, Abwasser 2005.
8. Stadtwerke Halle, Abwasser.
9. Halle Wappen.

MOTIVKANALDECKEL MIT STADTWAPPEN

1 Stadtwerke Halle, Abwasser.

2 Halle an der Saale.

3 Freie und Hansestadt Hamburg 1993.

4 Freie und Hansestadt Hamburg 2015.

5 Landeshauptstadt Hannover Kanalisation.

6 Hönow 1996, R.

7 Hönow 1996, R, rund.

8 Hönow 1996, S.

9 Hönow 1996, S, rund.

MOTIVKANALDECKEL MIT STADTWAPPEN

226

Ref. 226.1

Ref. 226.4

Ref. 226.7

Ref. 226.2

Ref. 226.5

Ref. 226.8

Ref. 226.3

Ref. 226.6

Ref. 226.9

1 Stadt Hoyerswerda Wojerecy.
   Foto: Uwe Schulz

2 Karlovi Vary, Tschechien,
   Foto: Wolfgang May.

3 Kindvig, Dänemark
   Foto: Reinhard Weise.

4 Stadtentwässerung Koblenz,
   Koblenzer Schängel.

5 Stadt Köln, Stadtentwässerung.

6 Kolobrzeg, Polen.

7 Kolobrzek Kanalizacja, Polen.

8 Kopenhagen, Dänemark,
   Foto: Reinhard Weise.

9 Stadt Köthen / Anhalt.

MOTIVKANALDECKEL MIT STADTWAPPEN

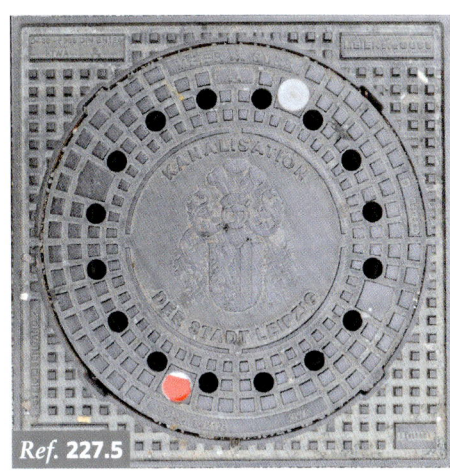

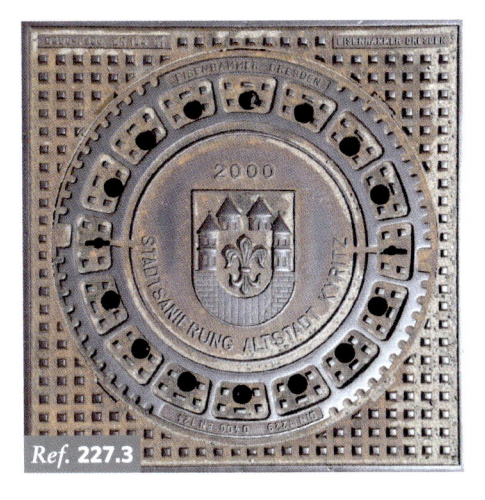

1 Krakau, Foto: Matthias Rau.

2 Krakau, Foto: Matthias Rau.

3 Stadtsanierung Altstadt Kyritz 2000.

4 Kanalisation der Stadt Leipzig.

5 Kanalisation der Stadt Leipzig.

6 Kanalisation der Stadt Leipzig, rund.

7 Lissabon Aquas Residuais.

8 Lissabon Expo 98, 1996.

9 Lissabon Expo 98, 2002.

MOTIVKANALDECKEL MIT STADTWAPPEN

228

1. Lissabon Aquas Residuais.
2. Lübeck, Foto: Barbara Rau.
3. Luxemburg, Roude Petz, Puits Rouge 1740 - 1867.
4. Luxemburg, Stad Letzebuerg, Service de la Canalisation.
5. Madrid, Ayuntamiento De Madrid, Bär im Wappen.
6. Madrid, Ayuntamiento De Madrid, Alumbrado Publico, Calle de Alcala.
7. Madrid, Ayuntamiento De Madrid, Calle de las Huertas.
8. Madrid Ayuntamiento De Madrid Reguacio e Trafico, Sice.
9. Magdeburg 805 - 2005, 1200 Jahre.

MOTIVKANALDECKEL MIT STADTWAPPEN

Ref. 229.1
Ref. 229.2
Ref. 229.3
Ref. 229.4
Ref. 229.5
Ref. 229.6
Ref. 229.7
Ref. 229.8
Ref. 229.9

1 Stadt Magdeburg, Landeshauptstadt Sachsen-Anhalt.

2 Magdeburg, Landeshauptstadt Sachsen-Anhalt.

3 Mainz.

4 Malaga, Spanien, Saneamiento.

5 Malaga, Spanien, Saneamiento.

6 Mallorca, Spanien, Foto: Doris Sonntag.

7 Marbella, Spanien, Saneamiento.

8 Marbella, Spanien, Saneamiento.

9 Mecklenburg Vorpommern.

MOTIVKANALDECKEL MIT STADTWAPPEN 230

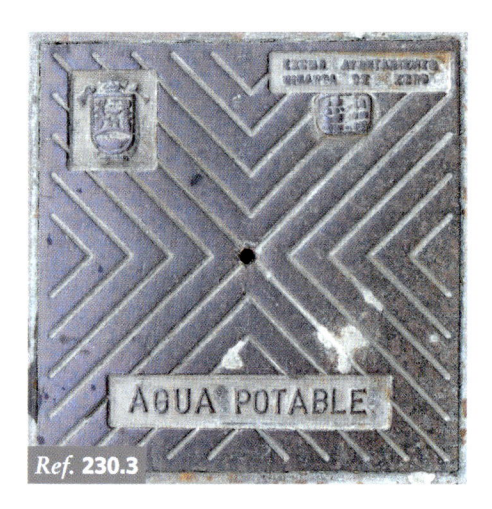

Ref. 230.1 *Ref. 230.2* *Ref. 230.3* *Ref. 230.4* *Ref. 230.5* *Ref. 230.6* *Ref. 230.7* *Ref. 230.8* *Ref. 230.9*

1 Mecklenburg Vorpommern.

2 Meissen.

3 Miranda de Ebro, Spanien, Aqua Potable.

4 Landeshauptstadt München, Stadtentwässerung.

5 Stadt Münster, Tiefbauamt, 1993, Foto: Olaf Streese.

6 Stadt Nauen, Am Markt.

7 Naumburg a. d. Saale.

8 Naumburg a. d. Saale, rund.

9 Dom zu Naumburg.

MOTIVKANALDECKEL MIT STADTWAPPEN

Ref. 231.1	Ref. 231.4	Ref. 231.7
Ref. 231.2	Ref. 231.5	Ref. 231.8
Ref. 231.3	Ref. 231.6	Ref. 231.9

1. Neubrandenburg, 2009.
2. Neuenhagen bei Berlin.
3. Stadt Neuruppin, Regenwasser.
4. Stadt Neuruppin, Schmutzwasser.
5. Nürnberg, GPS Referenzpunkt.
6. Osnabrück, 350 Jahre Westfälischer Friede, 1648 - 1998, Foto: Olaf Streese.
7. Plauen.
8. Prag, Tschechien, Ceska, Republika.
9. Prag, Praha Hlavni Nadrazi.

MOTIVKANALDECKEL MIT STADTWAPPEN

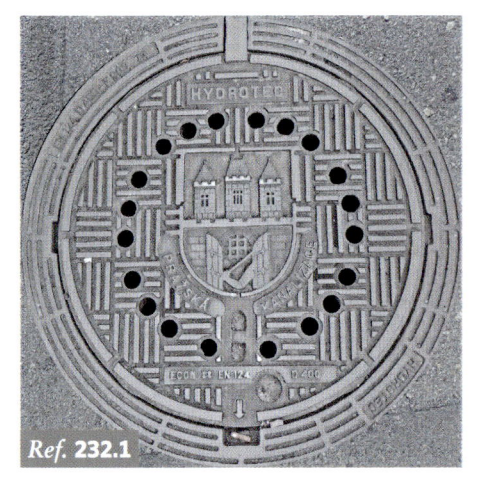

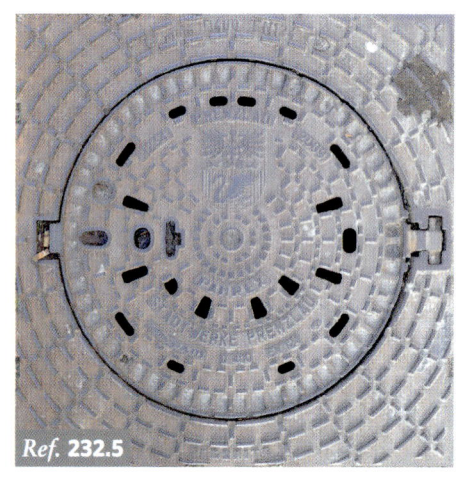

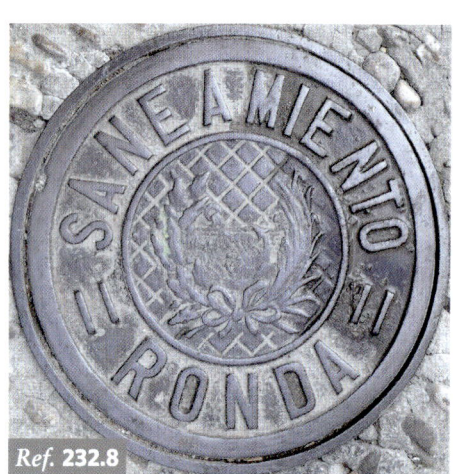

Ref. 232.1

Ref. 232.4

Ref. 232.7

Ref. 232.2

Ref. 232.5

Ref. 232.8

Ref. 232.3

Ref. 232.6

Ref. 232.9

1 Prag, Prazska Kanalizace, Tschechien.

2 Prag, Prazska Kanalizace, Tschechien.

3 Prag, Prazska Kanalizace, Tschechien.

4 Prästo, Dänemark, Foto: Reinhard Weise.

5 Prenzlau, 1234 - 2009, Stadtwerke Prenzlau.

6 Stadt, Quedlinburg.

7 Stadt, Quedlinburg.

8 Ronda, Spanien, Saneamiento.

9 Hansestadt Rostock, R.

MOTIVKANALDECKEL MIT STADTWAPPEN

Ref. 233.1
Ref. 233.4
Ref. 233.7
Ref. 233.2
Ref. 233.5
Ref. 233.8
Ref. 233.3
Ref. 233.6
Ref. 233.9

1 Hansestadt Rostock.

2 Stadt Rudolstadt.
Foto: Reinhard Weise

3 Landeshauptstadt Saarbrücken.

4 Sachsen-Anhalt.

5 Sachsen.

6 Sachsen.

7 Saint Malo, Spanien, Sonofoque, Semper Fidelis.

8 Saint Malo, Spanien.

9 Salamanca, Spanien,
Foto: Gerta Stecher.

MOTIVKANALDECKEL MIT STADTWAPPEN

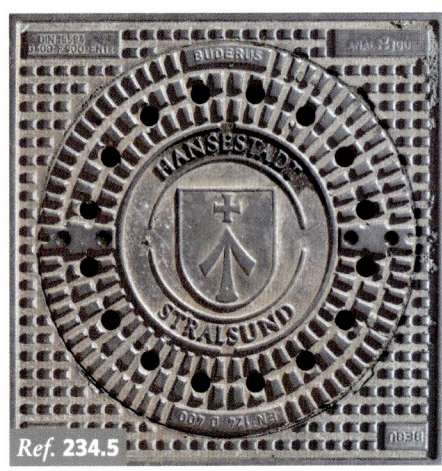

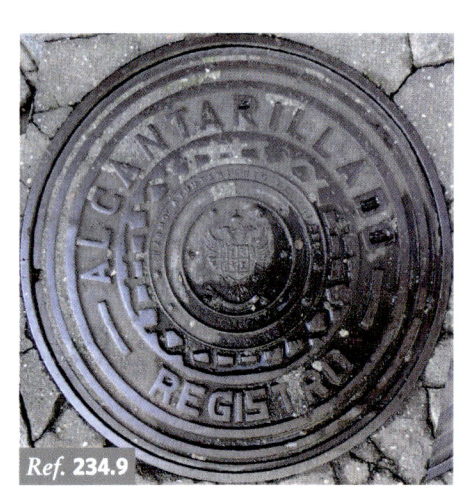

234

Ref. 234.1
Ref. 234.2
Ref. 234.3
Ref. 234.4
Ref. 234.5
Ref. 234.6
Ref. 234.7
Ref. 234.8
Ref. 234.9

1 Landeshauptstadt Schwerin.
2 Stadt Spremberg.
3 Regenwasserwasserkanal, Stadt Stendal.
4 Schmutzwasserwasserkanal, Stadt Stendal.
5 Hansestadt Stralsund.
6 Swinoujscie, Polen.
7 Swinoujscie, Polen, Foto: Rolf Quaas.
8 Thüringen liegt in Gera.
9 Toledo, Spanien, Foto: Reinhard Weise.

MOTIVKANALDECKEL MIT STADTWAPPEN

Ref. 235.1
Ref. 235.2
Ref. 235.3
Ref. 235.4
Ref. 235.5
Ref. 235.6
Ref. 235.7
Ref. 235.8
Ref. 235.9

1 Torrelavega, Spanien, Foto: Reinhard Weise.

2 Torun, Polen.

3 Stadt Trier 1899.

4 Stadt Trier, rund.

5 Stadt Trier.

6 Stadt Ueckermünde.

7 Stadt Waren Müritz.

8 Stadt Wernigerode, rund.

9 Stadt Wernigerode.

MOTIVKANALDECKEL MIT STADTWAPPEN

Ref. 236.1
Ref. 236.2
Ref. 236.3
Ref. 236.4
Ref. 236.5
Ref. 236.6
Ref. 236.7
Ref. 236.8
Ref. 236.9

1 Stadt Wittenberge, R.
2 Stadt Wittenberge, S.
3 Stadt Wittstock / Dosse.
4 Wroclaw, Polen.
5 Stadt Würzburg, Entwässerungsbetrieb.
6 Havelstadt Zehdenick, 1217.
7 Zürich, Schweiz, Kanalisation, Stadtentwässerung, Foto: Jakob Paubel.
8 Stadt Zwickau.
9 Entwurf zu einem Motivkanaldeckel „John Silver Musikverlag 1995", Grafik: Alf-Gert Beier.

BAUSTELLEN UND KURIOSITÄTEN

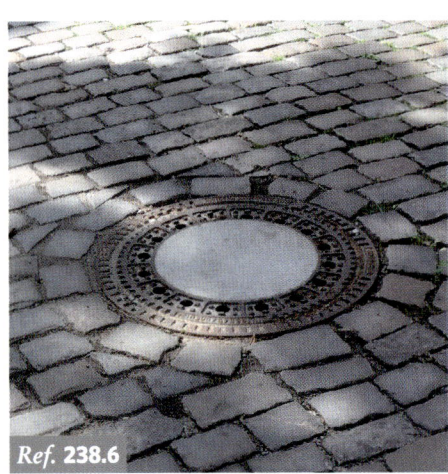

238

Ref. 238.1
Ref. 238.2
Ref. 238.3
Ref. 238.4
Ref. 238.5
Ref. 238.6

1 Bauarbeiten am Halltor in Halle, 2016.

2 Bauarbeiten am Berliner Alexanderplatz 2017.

3 Bauarbeiten in Swinoujscie (Polen) 2015.

4 Bauarbeiten vor der Gaudystraße 15 am 25. 8. 2016 in Berlin.

5 Der alte Kanaldeckel vor der Gaudystraße 15 am 25. 8. 2016 in Berlin.

6 Der neue Kanaldeckel vor der Gaudystraße 15 im Prenzlauer Berg, Berlin.

BAUSTELLEN UND KURIOSITÄTEN

1 Bauarbeiten in der Gounodstraße, im Jahre 2014.

2 Zugewachsen, Parkstraße 16 in Berlin Weißensee.

3 Am Hafen in Sassnitz, 2015.

4 Abwasser in der Klosterstraße in Berlin Mitte, 2015.

5 Blaue Folie in Würzburg, 2016.

6 Bauarbeiten am Halltor in Halle, 2016.

7 Kanalreinigungsarbeiten in der Hufelandstraße Ecke Bötzowstraße in Berlin, 2017.

8 Kanalreinigungsarbeiten in der Hufelandstraße Ecke Bötzowstraße in Berlin, 2017.

9 Kanalreinigungsarbeiten in der Hufelandstraße Ecke Bötzowstraße in Berlin, 2017.

BAUSTELLEN UND KURIOSITÄTEN

240

Ref. 240.1

Ref. 240.4

Ref. 240.6

Ref. 240.2

Ref. 240.3

Ref. 240.5

1 Abwasser in der Berliner Schulstraße 2015.

2 Ein Künstler färbt Kanaldeckel ein und bedruckt damit Stoff und Papier. Alexanderplatz 2017.

3 Zugewachsen, Große Seestraße 12 A in Berlin Weißensee.

4 Gully und Kanaldeckel in Salzwedel 2016.

5 Eingefärbter Kanaldeckel am Alexanderplatz 2017.

6 Überwachsen, in der Börnestraße 39 in Berlin 2016.

BAUSTELLEN UND KURIOSITÄTEN

Ref. 241.6

Ref. 241.4

Ref. 241.6

Ref. 241.2

Ref. 241.7

Ref. 241.3

Ref. 241.5

Ref. 241.8

1. Baustelle Neubrandenburg in der Darrenstraße 2017.
2. Kanaldeckel und Gully in Apolda 2017.
3. Baustelle Neubrandenburg in der Darrenstraße 2017.
4. Bauarbeiten in Anklam 2016.
5. Bauarbeiter-Plastik vor einem Kanaldeckel in der Berliner Karl-Liebknecht-Straße 2016.
6. Bauarbeiten in Anklam 2016.
7. Baustelle Werlseestraße in Berlin 2016.
8. Baustelle am S-Bahnhof Berlin Buch 2016.

BAUSTELLEN UND KURIOSITÄTEN

1 R rund, acht Lüftungsöffnungen, lag bis Mitte Juli 2017 in der Lemgoerstraße 10 in Berlin-Weißensee.

2 Bauarbeiten in der Lemgoerstraße 10.

3 Der alte Rahmen liegt noch da, der Kanaldeckel wurde in der Nacht davor geklaut, Lemgoerstraße 10 in Berlin, 2017.

4 Der alte Rahmen in der Lemgoerstraße 10 in Berlin, 2017.

5 Einstieg in die Unterwelt in Lissabon 2016.

6 Der neue Schacht mit neuem Deckel in der Lemgoerstraße 10 in Berlin, 2017.

BAUSTELLEN UND KURIOSITÄTEN

1. Der alte Budde & Goehde an der Kuglerstraße, Ecke Stahlheimer Straße, 2015 in Berlin.

2. Die Baustelle Kuglerstraße, Ecke Stahlheimer Straße in Berlin.

3. Der neue Deckel an der Kuglerstraße, Ecke Stahlheimer Straße in Berlin.

4. Der alte freigelegte Deckel an der Rossinistraße Ecke Greifswalder Straße 2014 in Berlin.

5. Ein Pflastermaler Unter den Linden in Berlin. (Ich hatte ihm Geld gespendet und durfte ihn dann fotografieren).

6. Der neue Deckel liegt. Rossinistraße, Ecke Greifswalder Straße 2014.

7. Alt und Neu in der Riastraße 5, 2016.

8. Baustelle in Wien am Karmelitermarkt.

9. Ein Berberaffe sitzt in Gibraltar (Großbritannien) vor einem Kanaldeckel, Foto: Manuela Quaas.

BAUSTELLEN UND KURIOSITÄTEN

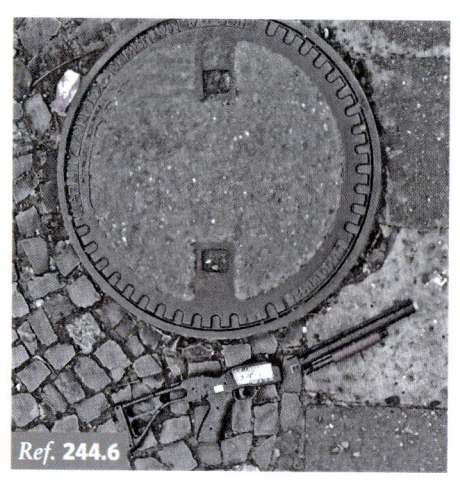

244

Ref. 244.1
Ref. 244.2
Ref. 244.3
Ref. 244.4
Ref. 244.5
Ref. 244.6
Ref. 244.7
Ref. 244.8
Ref. 244.9

1. In Salzwedel vor dem Jenny-Marx-Haus, 2016.
2. 12 Kanaldeckel hintereinander im Waldbacher Weg in Berlin.
3. Baustelle am Markt Stendal, 2016.
4. Baustelle Sangeallee Ecke Riasstraße in Berlin, 2016.
5. Grinsedeckel in Finsterwalde, 2017.
6. Kanaldeckel und Waffe, Berlin, 2015.
7. Liegt zu hoch in Falkenberg / Elster, 2017.
8. Liegt zu hoch in Finsterwalde, 2017.
9. Liegt zu hoch in Berlin in der Storkower Straße, 2016.

BAUSTELLEN UND KURIOSITÄTEN

1 Baustelle in Burg in der Blumenthaler Straße.

2 Baustelle in Burg in der Blumenthaler Straße.

3 Baustelle in Burg an der Magdeburger Chausee.

4 Budde & Goehde mit Holz am Bahnhof in Wittenberge.

5 Einsturzgefahr, Ludwig Park in der Zepernicker Straße in Berlin Buch.

6 Kanalarbeiten in der Borodinstraße in Berlin Weißensee 2015.

7 Naumburg Bauarbeiten, 2017.

8 Naumburg Bauarbeiten, 2017.

9 Naumburg Bauarbeiten, 2017.

REGISTER

Ahlbeck
Angermünde
Angers (Frankreich)
Anklam
Apolda
Arcachon (Frankreich)
Babelsberg
Bansin
Barcelona (Spanien)
Beeskow
Berlin
Bilbao (Spanien)
Bordeaux (Frankreich)
Bozen (Italien)
Burg bei Magdeburg
Cadiz (Spanien)
Calpe (Spanien)
Cancale (Frankreich)
Carnac (Frankreich)
Chartress (Frankreich)
Concarneau (Frankreich)
Cordoba (Spanien)
Cottbus
County Kerry (Irland)
Czernowitz (Ukraine)
Dessau
Dresden
Eisenach
El Hierro (Spanien)
Erfurt
Erkner
Etretat (Frankreich)
Falkenberg Elster
Figueres (Spanien)
Finsterwalde
Frankfurt / Oder
Freyburg
Fürstenwalde
Fürth
Genthin
Gera

Gibraltar (Großbritannien)
Girona (Spanien)
Godshill (Großbritannien)
Goslar
Gotha
Granada (Spanien)
Guben
Gubin (Polen)
Halberstadt
Halle / Saale
Herzberg / Elster
Honfleur (Frankreich)
Hönow
Hoyerswerda
Irun (Spanien)
Jena
Jerez (Spanien)
Jüterbog
La Spezia (Italien)
Le Havre (Frankreich)
Leipzig
Leningrad Petersburg (Russland)
Lissabon (Portugal)
London (Großbritannien)
Luckenwalde
Luxemburg
Madrid (Spanien)
Magdeburg
Malaga (Spanien)
Marbella (Spanien)
Meissen
Metz (Frankreich)
Miranda de Ebro (Spanien)
Monte Rosso Mare (Italien)
Nauen
Naumburg
Nerja (Spanien)
Neubrandenburg
Neuruppin
Neustrelitz
Nürnberg

Pampaneira (Spanien)
Paris (Frankreich)
Ploumanach (Frankreich)
Potsdam
Prag (Tschechien)
Prenzlau
Quimper (Frankreich)
Quedlinburg
Radebeul Ost
Rathenow
Reims (Frankreich)
Ronda (Spanien)
Rouen (Frankreich)
Saarbrücken
Saint Malo (Frankreich)
Salzwedel
Sassnitz
Senftenberg
Sevilla (Spanien)
Slubice (Polen)
Stendal
Stuttgart
Swinoujscie (Polen)
Tbilisi (Georgien)
Templin
Trier
Vannes (Frankreich)
Vernazza (Italien)
Weimar
Wernigerode
Wien (Österreich)
Wildau
Wittenberg Lutherstadt
Wittenberge
Wroclaw (Polen)
Würzburg
Wurzen
Zeitz
Zwickau

Stefan Paubel

ALTE KANALDECKEL IN BERLIN

Format: 30 cm x 20 cm
256 Seiten, 1740 farbige Abbildungen
ISBN 978-3-86557-433-6
49,00 €

NORA Verlagsgemeinschaft, Berlin 2017
Pettenkoferstr. 16-18, 10247 Berlin
Tel: 030 20454990
Fax: 030 20454991
www.nora-verlag.de
kontakt@nora-verlag.de

www.haeuserflucht.de
stefan.paubel@gmx.de

BEREITS ERSCHIENEN UND IM BUCHHANDEL ERHÄLTLICH.

IMPRESSUM

Der Autor:

Stefan Paubel,
1952 in Heiligenstadt geboren.

Seit 1995 selbstständig tätig als Mediengestalter, Kameramann und Fotografiker.

2011 Start der Fotoreihe „Häuserflucht".

Bis heute 16 Ausstellungen.

2011 erste Kanaldeckelfotos.

2017 Veröffentlichung des Buches „Alte Kanaldeckel in Berlin".

Ich bedanke mich ausdrücklich für die freundliche Zurverfügungstellung von Kanaldeckelfotos bei: Barbara Rau, Dr. Philipp Dyck, Eva Albers, Familie Wintrich, Frank Siebenhaar, Frank Viehweg, Frank Wonneberg, Gabriele Paubel, Gerd Gampe, Gerta Stecher, Hans Knippenberg, Irina Franken, Johanna Dörsing, Lutz Paubel, Marlis Gistke, Marlis Jauch, Matthias Rau, Michael Herrmann, Michaela Palm, Olaf Hoffmann, Peter Luck, Olaf Streese, Regina Franck, Reinhard Weise, Renate Schmidt, Rolf Quaas, Thomas Paubel, Thomas Storbeck, Uta Roß, Uwe Schulz und Wolfgang Leyn.

Foto: Gabi Paubel

Novitäten & Raritäten

NORA

ISBN 978-3-86557-448-0

© NORA Verlagsgemeinschaft (2018)
Pettenkoferstraße 16 - 18   D-10247 Berlin
Fon: +49 30 20454990
Fax: +49 30 20454991
E-mail: kontakt@nora-verlag.de
Web: www.nora-verlag.de
Alle Rechte vorbehalten
Printed in Hungary

© Alle Abbildungen und Texte, wenn nicht anders vermerkt, Stefan Paubel, Berlin.

Alle Rechte vorbehalten. Dieses Werk ist urheberrechtlich geschützt. Jede Verwendung, die über den Rahmen des Zitatrechtes bei korrekter und vollständiger Quellenangabe hinausgeht, ist honorarpflichtig und bedarf der schriftlichen Genehmigung des Verlages.